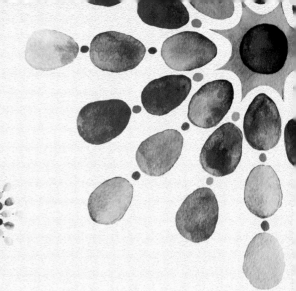

懂了！

療癒是為了讀懂你自己
奇蹟是給相信的人

心玲——著

目錄

來自高次元的序

在我們要進行第二冊之初，有些概念性的觀點要釐清，那就是：第一冊《找》是入門的簡要真理，在經過基礎的「知」之後，你們的「行」很重要，因為在「行」的過程後，所有記憶體內存的資料才會全然地浮現出來，就如你們中醫把病症由「裡」變成「表」，一旦由深層的形成了淺層，那處理起來就容易多了。

第二冊《懂了！》的主旨在於療癒。因你們細胞儲存的資料庫裡，有智慧（經驗值）的記載，也有情緒創傷的印記，那形成了靈性的破損。第二冊最大的功能，就是修補靈體的傷痕。經過這樣的程序，才能真正幫助你們靈性的提升和完整化，所以第二冊總括傳遞的是在「心」的層面上。在第三冊時，會全然地在靈性層級上的教導，並將身、心、靈合一的方法告訴你們！

一場療癒之旅即將展開，帶著躍動的心參與它，它是很棒的體驗。享受過程，放下自我，觀照自己的變化。這趟旅途不是沉重的，但你要有覺察力。覺察什麼呢？覺察自己的內在，內在的轉化在哪裡？覺察過程的感受，感受的深淺引起多少的漣漪？

別只在乎目的地，過程才是焦點，因療癒是在這過程中進行的，沒有了這路程，你無法抵達你要去的地方。

還有一點必須告知你們的：這是系列性的引導，是漸次性的教導，一個環節扣一個環節，也就是環環相扣，所以每一環都是重要的。

因我們即將有六本書的發行，傳遞「人」、「高次元」、「宇宙」的關係。前三本由我（大日如來），下載適合你們的教材，主題在身、心、靈。我會用簡易的語法來表達，因孩子你們都太沉重了，我不捨用艱深的理論要你們去禪悟，更不願看到你們為了成長，要去理解艱澀的文字，這反而耗損了能量，剝奪了你們的意願，這樣不但沒有幫助，反而變成負擔，讓你們遠離了。

這是二十八個系統，也就是二十八位高次元的智慧體組合而成的六本書，透過這系列的書籍尋找有緣的眾生，也就是各系統的孩子們，喚醒他們，並帶領他們回家之路。當你看到這系列的書時，別懷疑，你就是其一。

這不是偶然也不是緣分，而是安排中。

第二冊的所有章節主題和第一冊是相同的，但內容是不同的，它是進階，更含療癒的成分。你們可以兩冊對照，也檢視自己的成長程度。

我會牽著你們的手，一起為自己、為宇宙，來一趟排毒、療癒之旅。

1 存在

意念與發心決定了命運，
「意識創造實相」的祕密在你眼前開啟。
匯集能量，願望才能實現。
奇蹟，是給相信的人。

當你們在進行一個事件時，都會關乎人、事、物的多重連結，有時單靠你個人的力量，或自身的力量也不足時，那事件的能量團就會很小，甚至能量團裡是坑坑洞洞，無法構成一個完整的形體，也就無法形成實相。投射到你的生活裡，那就是你祈求的無法實現。

那怎麼辦呢？有兩個辦法可行。

第一，集合集體意識。由更多的人放射能量，但是要同一個事件，同一個結果；而不是每個人各自放射自己的期許，那能量就沒有了焦點，無法凝聚，四分五裂，力量就被打散了。

如果能量團東一塊西一塊，沒有整理起來的話，高次元看不懂，只會覺得你們在玩扮家家酒；有時甚至會參與你們，和你們一起玩這遊戲，或好奇想知道你們在幹什麼。這樣會導致一個結果：祂們會選擇能量團最大的那一塊，投射回來給你們。你們認為事情開啟了，運作了，但後續進展卻消聲匿跡，原因在於：祂們根本不知道你們要的是什麼。

所以整合集體意識是非常好的，對能量的擴展有很好的助益，但要在「單一」的點上，也就是心念要統一，否則只是誤會一場。

第二個方法是，請求高次元的協助，也就是你和祂共同合作。首先將自己沉澱下來，去感覺或觀想，這事件的能量團有多大，再將你相信的神、佛、上帝、光，放進那能量團裡，由祂來幫助你擴大能量或修補破洞的能量。這會是一個很好也很快速的方法，但要持續性的做，一直到事件產生了變化。這只是開端而已，只是鬆動了僵化的能量，這時再繼續做，直到事件達到你要的結果。

而你要具備的是「相信」。存在賦予的奇蹟是給相信的人，如果你是以懷疑、試試看的心念，那玩笑就會開在你身上。

心筆記

2 靈性

想改變生命劇本自己當導演，
你這創造者必須從靈性下手。

在宇宙立足的是靈性，而非身體。
靈體所受的傷，都記載在脈輪裡。

這是一個重要的課題，因靈性的好、壞、高、低，關乎著你一生的劇本，也就是你這一生過得好或不好！因你們在宇宙立足的是靈性，而非你肉眼看到的身體。靈性可在大能量場裡行動，它可往上，也可往下，也可平行，那要看你靈性的品質。更高的靈質還可穿梭在好幾次元裡，去吸收各次元的能量，更完美的成就自己，因它透過各高次元的洗禮，擴大和提升了自身的靈質，也就是借力使力，那靈體的純度和密度會非常的乾淨和精粹。

有些靈體發生了障礙，那是因為：它在靈性的成長過程中，經歷過嚴重的創傷，或重大事件的打擊，它曾經驚嚇過，在那過程中強烈的振盪，導致靈性破損；或因恐懼而將靈體縮小，使它無法在宇宙大能量場裡自在的行動，也很難吸取宇宙的能量使其長大。如同你們的胃，需要靠食物提供原料，再轉化養分給各器官，如果你的胃受傷了，那它供給的功能就大大減弱了。

要療癒受傷的靈體，要從你們的脈輪做起，也就是說，每位靈體受傷、破損的原因都不一樣，但都記載在脈輪裡。脈輪涵蓋著各個不同的層面，已全然包含了你們三度空間的狀態。對脈輪的了解是很重要的，因它是治療你靈性的根基。

3 宇宙

宇宙由無數重疊的空間次元所組成，彼此重疊且各安其位。

你的種種影響著地球，地球的狀況影響著宇宙。淨化、成長你自己，就是療癒宇宙最大的助力。

在第一冊《找》這本書裡，我有提及星球和次元和宇宙的關係，它們連接的管道在軸線，透過這管道，輸送能量和傳遞資訊。

次元和次元間，星球和星球間，次元和星球間，都是無可切割，因為我們都是一體的。宇宙創造了我們，但也可說因為有了我們，宇宙才有了「存在」。如同你們世間，母親生了你，因為有你，才有母親這角色的「存在」。你們和母親是臍帶相連的，當你們在胎中時，所有的成長元素，皆來自母親透過臍帶供給你生存的養分，而這臍帶就是宇宙的軸線。

你的這世身體傳承了母親的血脈和ＤＮＡ，但你的大我（靈體）的母親是宇宙大能，你會隨著每世不同的因緣，而有不同的母親。但你的靈體一直都是一個，不會因為你的輪迴而有多個靈體，所以你真正的母親是「宇宙」。

你的靈體和宇宙大愛的關係，就如同你在母親胎中的關係。應該這麼說，你和地球連結，地球和宇宙連結，最終的源頭是宇宙大能。你、地球、宇宙靠的是軸線在運送能量，這軸線是雙向的，並非單一交流，你的能量會影響到地球。

地球在宇宙中是個「個體」單位，如同你在人類中是一個「人」。只是，一個「人」在地球，一個「地球」在宇宙，彼此位置關係是相同的。所以，你的種種對地球的影響很大，同樣，地球的狀況對宇宙的影響也是。

所以，回到原點，淨化你自己，成長你自己，就是療癒宇宙最大的助力。

心筆記

4 磁場的反轉

要改變深層的意念波，即從靈性著手。
啟動靈性，是你命運重生的開始。
「關係」是你的「磁場能量補給站」。
為「關係」做健康檢查吧！

當你了解了磁場的作用時，你知道自己是個可以接收和放射的導電體；那接收了什麼、放射了什麼，是個最重要的關鍵。

先由「接收」來談起。宇宙空間這麼大，次元這麼多，有下次元的，平行次元的，上次元的，又重疊又交叉，在這麼精密又多重的能量裡，你的接收器要如何捕捉到好的能量場域？因你們是有物質實相的肉身（高靈質的在此不談，而是以大眾的需求來論述），所以在整個大能量場域裡，阻礙會較多，游走的自在度不高，常會出現卡卡的現象。

如同你們的血管，血液雖然在流通，但血管壁裡有沉澱物，附著在血管中，讓血液流動力變小、變慢；或者是血液本身就有問題，裡面有著很多不好的成分，所以血液無法清澈，變成濃稠，那流通的速度就慢了，造成了你的身體重重的，體重也重、情緒也重、磁場更重～

血液的清澈、黏稠，來自於你吃了什麼、做了什麼，也就是你給了它什麼，它把接收到的，如實回饋給你。所以首要處理的是：你接收了什麼？去哪裡接收？

你們要學習審視自己的生活狀況，就如同你們做身體健康檢查，生活更需要健康檢查。檢查的項目來自你和所有「關係」的好壞，這些關係有父母、子女、夫妻、兄弟、朋友、同事、事業、財富，這些整體關係形成了你個人的身心磁場效應。因你是導電體，他們也是導電體，你們的電流是互相交流的，你接收了他們，他們也接收了你。所以，去把「關係」處理好，那你接收的就是在宇宙大道上。

當你接收的是什麼，那你放射的也會是什麼。如同你吃了什麼，血液就呈現了那個狀態，血液再輸送至全身器官，造就了你的健康與否。健康影響了你的活力和情緒，情緒又影響了你和所有人的處境，它是一種連環效應。所以接收和放射是一起的，只是前、後處理的問題。

「關係」是你的能量入口，珍惜他們，因每一段關係都是你的「磁場能量補給站」，一個關係一個補給站，造就了你的總磁場。

心筆記

5

磁場與能量

你的意識就是能量，能量再激盪出磁場，

你就是宇宙磁場能量的創造中心。

如何讓自己有彈性呢？那就是挪出空間來。

讀懂你自己，才是生命的源頭。

關於磁場與能量，由兩者合一來說明之。磁場＋能量就如同血液＋血管，血管裡流動的是血液，血液要靠血管才能輸送，由此來說明，真是好！簡單又易懂。

磁場就如血液。磁場是振動頻率，有強弱，血液的流動速度有快、慢，意思是相同的。當你內在雜質愈少時，振動的頻率則愈快，快的振動頻率又會把更深層的雜質振出，那你的磁場就會快速地增加。就以血液來說，乾淨的血液流動就快，代謝就會好，好的新陳代謝力又能把毒素排出，所以異曲同工啊！

在第一冊《找》這本書裡，我曾經說明過，你們身上的器官都有形而上的含意，不要只以你們現在的科技和認知去看待，它們都具有更深層的含意在其中，去領悟它們，對你們是有幫助的。

然而能量就如同血管，是個環境狀態，它負責了自己，也裝載了血液，布滿了你全身系統。好的血管是有彈性的，好的能量場也是有彈性的，當你彈性愈大，則表示你能跳躍的尺度就愈大，能提升的高度就愈高。

如何讓自己有彈性呢？那就是挪出空間來。你可先從住家做起，因家裡的環境就是你「內心世界」的投射，它代表著你內在世界裝載了多少東西，存放著多久的記憶。當你內心是清澈的，你自然無法接受雜亂骯髒的環境，這是一個精神層面反射到物質層面的最佳寫照。

「家」是個最小單位，也是最私人的環境，主控權全然在你手裡。當你在清理、整理家的環境時，其實就是在淨化你的內在世界。當淨化程序完成了，再來就是擴大、提高能量了。可藉由五感的感知能力去著手，如感動的音樂、大自然的風貌、花的芬芳、愛的擁抱……

最有效益的方法就是：藉由高次元的能量來提升你。常常連結祂們，在一段時日後，你的能量場會大躍進，可以穿越世間的很多障礙，進入高能量場域。

但它不是一蹴即成的，你要給自己一個機會、一段時日，去感受自己，去讀自己。你們往往去感受別人，去讀別人，卻忘了生命是你自己的，外圍的人都只是在成就你，讀懂你自己才是生命的源頭。

三分鐘工具

能量提升法

A：觀想自己全身都是白色之光。
B：你沉浸在每個顏色之光球（淨化）。
C：細細感受不同顏色光球，所帶給你不同的感覺。

6 現在未來

時間代表著能量的凝聚，你想跟什麼樣的未來自己相遇？

就看看你自己，現在和什麼樣的心境形影不離？

別再用舊的行為模式去過現在和未來的生活。

療癒是要讓你了解，自己所該改變的是什麼。

談及現在、未來，你們所關注的焦點都是在「時間」上，但在我們高次元的空間裡，並沒有時間的存在，只有能量的形成。

時間是線性的發展，而我們是橫向的擴展，所以我們是接觸不到你們的時間的，也就是你們的過去、現在、未來，對於我們都是一樣的。我們無法分辨，如今的你是在過去、現在或是未來，我們只能接收到能量凝聚的多寡和程序的轉變，而將實相反應到你們的生活上。

因此，如果你想要改變人生的話，其實真的不難，就是兩個步驟：第一

修補破損的能量，第二就是提高能量。

破損的能量來自於：你過去或現在曾經遭受到較強烈的情緒振盪，或讓你無法釋懷和糾葛的人、事、物，這些記憶的能量形成了遺憾，烙印在你的整體能量中，造成了你之內有破洞或破壞性的成分。

如何做呢？首先你要「勇敢」把過去或現在所經歷的受傷事件，全盤拿出來，重新走過它。並不是要你真的把人、事、物找出來，而是在你打坐觀想時，用不同的心念、不同的作法（依據你想要的結果而調整作法和想法），用新的思維、新的行為，走過一遍。記得，是在同一個人、事、物上。這是

修復能量最快也最有效的方法。

別以為過去的事無法彌補，而不管它了，其實它一直在你身上，一直到你生命結束後，它還是在你身上，跟著你再輪迴。所以它會影響現在、未來和來生的你。

方式給你了，你要有的就是勇氣，這個勇氣絕對值回票價。

當你在做上述的功課時，你的生命程式就會自動改變，你可以多做幾次或每一次的做法更好，那生命的程式就更進化。要注意的是，別再用舊的行為模式去過現在和未來的生活，否則你的生命永遠在做修補的工作，這樣生命就浪費了。

療癒是治療你過去的創傷，但你要在這創傷中了解到，自己所該改變的是什麼？未來我該怎麼做，對自己和他人會更好？這才達到療癒的真正目的。

再者，我真的建議，你們要有個良善的中心思想或良善的團體，和多數人共同參與完成一個好的理念，這能較快速提升你們在人間的個人的能量外，也對大環境的能量有很好的幫助，因一個人的張力和多數人的張力是不同的，所能發揮的力道也不同。

過去、現在、未來都是在一起的，都是同一個程式在運作。療癒過去、改變現在、迎接未來，你的生命方程式由你來設計。

7 神佛

神佛帶著自身空間的文明與能量，
要幫你靈性精進和能量躍升。

總體空間的進化是祂們唯一認定的目標，
你的生命可以藉由淨化和修為放大價值。

神佛也是生物體，只是祂們因各自修持的層級，而在不同的宇宙次元裡。當然，修持的愈好，空間次元就愈高，愈高次元的智慧體所具備的功能性就愈強，和宇宙母體連結的層面就愈廣、愈深。

神佛們之間互助的意願是很濃烈的，祂們沒有個體的意識，而是以系統和整個組織為主旨。祂們會發展由上至下的整條脈絡，往上尋找更高次元的協助，往下尋找可被提升的較低次元生物，進而擴展本身次元的能量。

當祂們自家空間的能量是充盈的，那祂們會進行集體意識的共振，也就是將磁場的密度空間變小；經過頻率的振盪，達至「一」的狀態時，祂們將躍進了更高次元。也就是說，收集能量是祂們的工作，因祂們是非常統一的整體意識，絕對沒有分歧。

因高次元裡沒有個人利益，總體空間的進化是祂們唯一認定的目標，所以在高次元的空間裡，那能量的感受是相當美好的，充滿著和諧、寧靜和愛的氣息。祂們沒有爭奪、比較、評判，有的就是互助、奉獻、努力的精神，和你們目前的生存空間是有很大差別的。

所以，當你們在三次元能與祂們相應，那非常恭禧你。能相應相融有兩個原因：

第一，你本身就是祂們的夥伴或來自更高次元，而你們會到達人間，每個人來的理由不同。有些是來收集資料，有些是來觀摩，有些是來旅遊，有些是來幫忙，有些是自願性，有些是被降級……諸多的原因。

第二，你是祂們欲提升的人選，也就是祂們想淨化和進化的人，進而能進入祂們的次元空間。更直接的說法就是：你是祂們的新生兒。這是很好的，是一種互惠的交流，祂們幫助你們脫離低次元，進入高次元，然而祂們也增大了自身次元的能量。

對於淨化地球人而言，會有幾個去處：大部分人是和人類群體一起提升至四次元；淨化更高的人則被某些神佛帶領至祂們的空間；少數人則是和祂們的大我連結上了，回到自身的出處，也就是本源。

未來的你會在哪裡？那麼這一世，你的「淨化和修為」會決定你未來的去處。

孩子，生命是可以放大「價值」的，到更高次元去吧！對你個人而言，可以解脫世間的辛苦，到更好的地方去成長；對宇宙母親而言，增加了正面能量，這是一件多麼可慶可賀的事啊！

8 實相

你的存在，同時有「物質」「感受」與「振波」三大實相，

一切真理起源於第三類，要趨吉避凶化腐朽為神奇其實不難。

不要老是用一樣的觀念和方法，卻想要有不同的結果，

當你用「新」的你去處理人、事、物時，它們也就變成新的了。

在宇宙裡的實相是磁場＋能量的結果，之前我陳述過磁場和能量的概念，它們是在一起的，所以我涵蓋說明之。

當實相不是你所期望的狀態時，先去尋找：目前這個狀況是不是有能量的缺口？

怎麼判斷能量的缺口呢？也就是運用你的感知能力。事件的狀況是人、事、物的整合體，它無法單獨存在。去察看是否在哪個環節上，交流有受阻，也就是你感受到卡卡的，那就是能量阻塞了。

先處理你能解決的，就是在人、事、物的各環節上，先切割去思維；然後用新的、不同的方式去處理，把自己換成新的人，拿走舊的自己，那就會呈現新的狀態。一旦能變成新的，那機會就來了。

「新」的意思是表示能量在流通了，就像水管阻塞了，要讓它暢通，必須使用工具，而那工具就是「新的思維，新的作法」。

不要老是用一樣的觀念和方法，卻想要有不同的結果，舊的只能得到舊的，新的才會展開不同的面向，才能煥然一新。當你用「新」的你去處理人、事、物時，它們也就變成新的了。

所謂的機會就是：在能量流動後，將你想要的結果，在你靜心之時或打坐之時，懇請你信任的神佛、上帝、光來協助。簡單說明就是：將結果放在你這個人之上，然後請高次元投射能量在那結果裡，那形成的實相就會較快速到你身上。

在此的重點是：你們必須要做你們該做的事，而我們是輔助的功能，我們無法幫你做人間的事，就如同你也無法做我天上的事。我們可以一起合作，讓「天上人間」能更好，但改變自己是要由你而起的，而我們一定會支持和觀照你們。

心筆記

9 心的淨化

心念指的是意識，來自細胞潛在的記憶體，
淨化讓愛的能量自由流通，愛以淨化的方式連結了宇宙。
淨化是讓身、心、靈提升的起點，
你的生命是在這些生活中的大小事裡面。

三分鐘工具

身的洗滌淨化法

A：觀想自己或坐或站或臥皆可。
B：由上而下的雨，或在瀑布底下，由水沖刷全身，直到你感受全身舒暢。
C：召喚白色的光，圍繞在你身上。

A

B

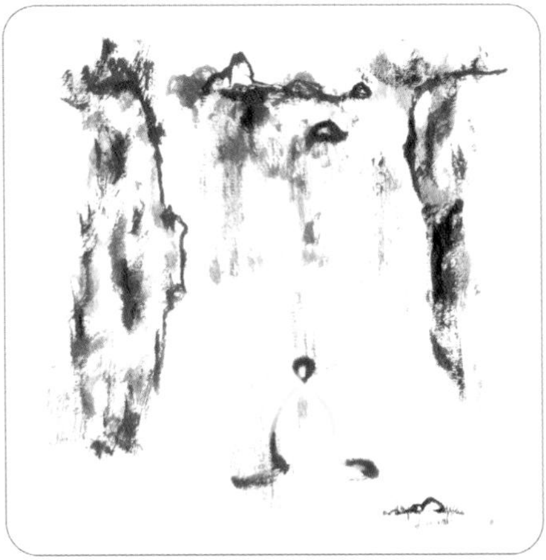

C

淨化是人類要邁向進化的過程中最首要的工作，也是在程式要轉換時的第一道工序。淨化的多和少，影響著你靈性提升的高和低，所以要很重視它，將它視為你這一生中最重要的事。因為它是起點，是身、心、靈的開端，當你把它做好，那後面的工作，你都不需要用力；但當你沒有把它做好，那後續的工作將會很沉重，讓你步履蹣跚。

在這裡，我要談的是「心」的淨化。心是處於物質面和精神面的關卡，也就是像個抽水馬達，是要將水往上抽，還是讓水往下走，它是個核心關鍵，也就是那把鑰匙。要拿對鑰匙，你的人生之窗、生命之門才能打得開。

心是很容易受傷的，頭腦不會，頭腦裝滿了理性和邏輯，它是比較固化、是被教育而來的。心無法被教育，它是本質性的，也就是你與生俱來的本能；但經過了你生命的歷練、生存的磨難，它會變硬，變得較沒彈性。所以在此，將它「柔軟化」是我要描述的主題。

心一旦受傷了，它的本能機制會自動開啟防禦系統，想保護自己，所呈現出來最普遍的情形就會是攻擊。心會覺得：我必須硬起來，才會有力量，才能不受傷害。在這樣的情況下，衝突就容易產生了，又起了一個不好的因，相對的也結了一個不好的果，因果、因果就是如此地造就而來，因果樹也就果實累累，唉！那就累了。

「心」就像個抽水馬達，你要將水向上抽還是往下流，主要就在於你的「認知」，你要清楚明白，同一件事，不同的作法會導致不同的結果。你想要的是收穫還是失去呢？還是再把你交給慈悲（訓導主任）再受訓？其實你不會只是失去而已，沒有這麼簡單的，宇宙法則會再造一個更大的劇本讓你去學習，直到你懂了，願意了，才會讓你下課，劇本才會結束。

所以你要有覺知地活著。生活點滴是由大大小小的人、事、物所堆積的，而這些大小事就是你的人生。宗教、身心靈、善知識……都只是在教導你如何處理生活中的大小事，因你的生命是在這些大小事裡面，而非在它的外面。當你認知了（清楚明白），而後覺知了（感悟因果），你的心自然就能柔軟了。

一顆柔軟的心，天地萬地都會與你合作；一顆剛硬的心，因果業力將永遠與你為伍。在此一提的是，心是沒有被教育的，所以你可以哄哄它，它很容易和你達成共識，很容易跟著你走。用你的認知和它對話，用你的覺知和它感性交流，它會聽你的。常常哄哄它吧！因它是你人生劇本的編劇。

三分鐘工具

心的淨化法

A：觀想你的心輪放著一個綠色光的自己。
B：將綠色光的自己往上輸送，穿越頭頂，穿越地球。
C：感受綠色光的自己，充滿溫暖。

三分鐘工具

全方位淨化法

A：冥想自己身在大自然裡，海邊、森林、山上……
B：感受環境帶給你的清新。
C：把自己的七輪設定好。
D：用宇宙淨化之光（白光）逆時針旋轉，直到全身感覺輕鬆。
E：再順時鐘回到本位。

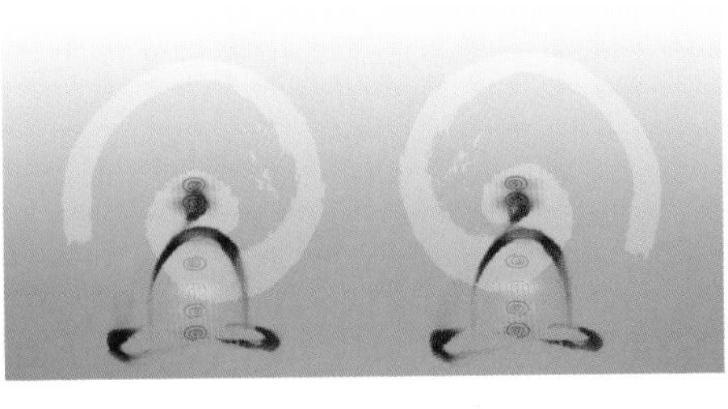

10 靈感

靈感是靈性的感知能力，靈魂是記載你累世記憶的總能量體。

運用意念轉換能量，將能量聚焦形成現實。

一念換一念，就會念念相轉；正面換負面，就會正負反轉。

有了健康完整的靈體，才會有對的靈感。

之前我說過，靈體是有重量的，它在宇宙裡是有體重的，如同你的身體在地球裡是有體重的，是一樣的道理。

這篇要做的就是幫靈體「減肥」！當你的身體重量過重時，會導致很多問題產生：外觀的問題，健康的問題，心理的問題，一連串的狀況發生。你們汲汲營營地幫身體減重，卻不知你的靈體也面臨這種需要。

當你在減肥的過程中，首先要處理的就是改變現在的模式；減掉什麼、加入什麼，就是一個加減乘除的行為，透過行為而達到目標。靈性的減重也是如此，一個是在實相，一個是在精神，但基礎原理是一樣的，一樣運作加減乘除，一樣透過行為，一樣達到目標。

在靈體的問題上，也有關於外觀的。在地球上你們呈現的是形體，但在宇宙裡呈現的是靈體，你們看不到的反而是我們看到的，你們摸不著的反而是如實地存在，這就是次元不同、空間不同所形成的情況，也就是人類修行辛苦的地方。我們現在探討的是在靈性層面上，所以你要將觀點向上走，就像抽水馬達將水往上抽。

靈體外觀的亮度和彩度，取決於靈體本質的品質是如何，它的健康和層級，我們清清楚楚地看到。靈體和靈體之間是會交流的，它們也會交朋友，構成組織，或互相協助，只是它們比你們速度快，它們形成好了，再回到你們實相世界來，緣分就是這樣來的。

當你的靈體處在高層級時，你所交往的朋友（靈體）屬性會與你比較相同；低層級時也是如此。當你的靈體不健康時，你的生活就會坑坑洞洞，很難完美。

我現在針對性的闡述療癒靈體的方法，就是調整「意念比例」，你們可向四次元學習，運用七十％的意念，三十％的實相。如何運用呢？以下具體說明。

當你目前所處的狀態不是很理想時，別一直沉陷在現在的處境裡，因你把自己一直放在這裡面，那你會召喚更多和你一樣的人、事、物來找你，你會愈找愈多，最後把你團團圍住。

用「一念換一念」的方法，就是把創造性的好的結果，放進你的意念裡，不管它可能性高或不高，就是放進去；當你有愉快的心境時，那負面的能量就必須出去，你放愈多愉快的心境，負面的能量出去就愈多，也就是把

三分鐘工具

穿越七色光球

A：觀想自己之上，有七顆七種顏色的光球。
B：你一個一個地穿越，或者你感受到自己想在哪一個顏色駐留，那就停下來。
C：最後穿越七顆光球，來至頂上。
D：你全身充滿了七種顏色之光。

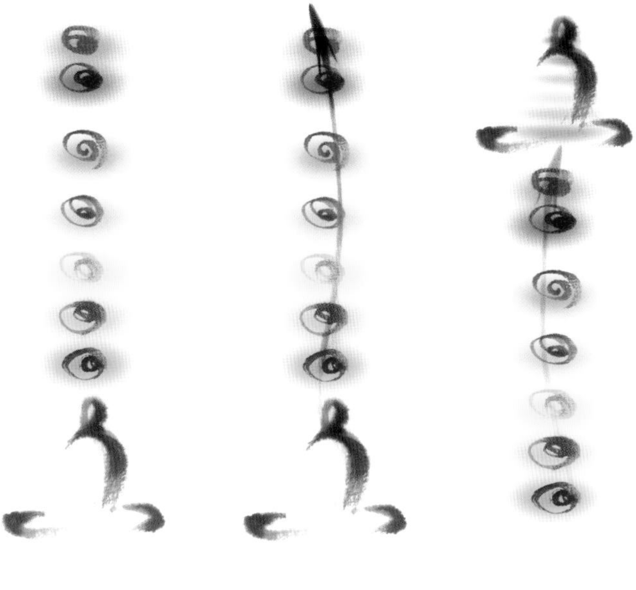

毒素排出，脂肪排出。就像你運動了就容易瘦了，你健康了疾病就出去了。

不只人體要運動，靈體也要運動，不能讓它停留不動，因無法用停滯的你換一個新的你。「一念換一念」，就會念念相轉，正面換負面，就會正負反轉，那你靈體的加減就完成了。乘除的效益就更大了，當你轉了念、換了面，那接下來的就是行為了，也就是去「做」，這個「做」是帶著那意念去做，所造就的效應就是乘除，而非加減而已。

你必須把靈體弄健康，有了健康完整的靈體，才會有對的靈感，也才能接收到高次元給你的感知能力。

心筆記

11 靜心

靜心意謂和「有覺知的力量」接軌，
當負能量慢慢消失，身體靈魂的感覺也變輕。

觀念處在理性層面，還只是在頭腦裡；
真諦才能進入內在，真正的驅動力才會產生。

對你們而言，靜心是一個很高的領域。在地球的環境裡，幾乎凡事是動態的，在這麼動態的空間裡，要能處於寧靜，確實不容易，但是可以辦到的。

你們要先了解身心靈的組合，這整個的組合體，最終在宇宙裡所呈現的是什麼？在三度空間裡要穿越到更高次元，所要具備的是什麼？只有在你真正明白之後，所做的行動才能真正幫助到你。你們經過了身、心、靈這三道工序後，在宇宙大空間裡，呈現的是「一」的狀態，只有這個「一」，才能在無數重疊的時空領域裡站穩位置。

用你們的話語來解說吧！你們常說：身心要合一，靈性要成長。這其中的緣由是什麼呢？大部分的人都不清楚或懵懵懂懂，只是形成了一個觀念、一個概念，似乎應該這麼做，但對這真諦所知甚少。觀念只是處在理性層面，還只是在頭腦裡；真諦才能進入內在，只有進入後，真正的驅動力才會產生，你也才肯去做，持續的做。

所謂回歸到「一」：在地球生存空間裡，肉體的實相，代表著你這個人；在宇宙生存空間裡，那個「一」（身＋心＋靈），如同在地球的你一樣，都只是一個人。但人有分「大人」、「小孩」，大人是成熟的個體，他能獨立自主，他有生存的能力；而小孩還在成長，他是依附的，是需要幫助的，你無法把大人的事放在小孩身上，因為小孩尚無能力去執行。簡單地來說明：你不會把車子交給小孩開，因他無法開，他的成長還未成熟，他的能力還未俱足。

然而，你在宇宙空間裡，是大人還是小孩呢？當你還是小孩時，祂們無法將資源放在你身上，因你不會運用或者用錯了，那會很危險的。

靈性的成長就是要將你從小孩長成大人。「身」是物質體，要你透過它來做世間事；「心」是感受體，藉由它來化解世間事、世間法；「靈」是連接器，對下連接身、心，對上連接宇宙母體（你真正生存的空間）。

當你真正了解後，你會發現，世間事原來不是那麼一回事，它只是來幫助你了結因果，促使你成長。成長了以後，你的感受（心）將會放在不一樣的位置上，會往高處走，那在它之下的情境，就變成簡單了，你會將抱怨轉換成感謝。因為經由它們（世間大小事），你才能由小孩變成大人，宇宙才會將資源給你，再回歸到你的生活中。

明白了道理後，接下來的就是「行」。首先，「由動轉靜」是最好的方式。當你透過「做」去化解存在世間事裡不好的關係時，你會發現，內心會起了一種安靜的感受，那就是寧靜的能量，所有的不安會透過這個能量而出去；但當你什麼都不做時，則會「由靜轉動」，因所有負面的情緒、思維會一直進來，它們會一直行動，一直纏住你。

再者，範圍更擴大，那就是「利他」。在你做利他的行為時，那個奉獻、付出的能量，則會將你負面能量大大地排出去，「靜心」的品質就更高了。一旦你能靜下心，那靈性連接器的啟動力量就愈大，廣度會愈廣，高度也愈高。

身心靈是垂直的，是由下往上，再由上至下，整合成為一個「一」，再由「一」生「萬象」。要把你這個「一」先做好，那未來呈現在你生活中的萬象，就都會是美好的。

三分鐘工具

宇宙平衡能量

A：觀想自己右手拿著發光的月亮，左手拿著發光的太陽。
B：右邊，滿天星光，感受寧靜。
C：左邊，燦爛天空，感受溫暖。
D：你置身於中間，平衡於動靜中。

心筆記

12

指導老師

祂帶著純淨和愛的能量與你連結，協助你在困境時轉換思考模式。當你們喜悅時，整個宇宙都笑了。

要打開「意識」的通道，方法就是「相信」、「呼求」二步驟。天上人間的合作是人類最大的智慧，也是天上最大的期盼。

人類的視野是直線的，是平行的。當你要往上看時，你的頭必須抬起；當你要往下看時，你的頭必須向下低；往左、往右時，必須轉動你的頭；但無法向後看，除非你整個身體反轉。這在告訴你什麼呢？人能看到、知道是有限的，必須要有輔助的工具來幫助你們。

因為次元的不同，我們沒有視線的障礙，可以全面性的觀照，只有高度的問題。我們不是平行的，不是垂直的，我們是立體的，是貫穿的，但不同的次元還是有不同的功能和不同的權限。我們各自職掌的會不同，但我們一律都願意「服務」每一次元的生物體。而這個服務是沒有條件的，是全然無私的，但裡面含有一種期許，那就是：透過我們的服務，你也能服務他人。這樣我們的服務才不會因為你而斷層了，可以源源不絕地傳遞下去，這是高次元對你們唯一的期許。

「服務」和「給予」是不同的。「給予」是施，回來的是受，也就是施與受是同一條管道，只是來來回回的前後順序。但「服務」是不同的境地，它是給了，但你不需要為它做什麼，它只關注在你的身上，你的感受、你的成長；它沒有要你回報，它只希望經由彼此的合作，你能變得更好！所以它是沒有包袱的，一切的存在都只是為了能向「更好」而前進。

指導老師也有祂們的專業分工，有些是教化（教育部）、資源分配（財務部）、除惡（國防部）、公文審核（行政部）、療癒（醫療部）……有些是同一次元、不同的部門，有些是同一部門、不同的次元，有些是單一的專業，有些是多個專業，有各種不同的狀況。祂們會根據現階段的你，而派適合、適時的老師來教導你，有時是一位或多位，甚至有時會是整個團隊，一切都是依「你」的需要來配合和整合的。

如何找到你的指導老師呢？因你的老師在你們的次元空間裡是沒有形體的，祂具備的是一種光、能量、頻率，你能和祂連接的是「意識」。因人類普遍並沒有開啟靈視力，無法看見祂們；有些已開啟靈視力的人，指導老師會化成「相」來和你相應，讓你明確地對焦，清楚知道祂的存在，方便你與祂溝通。

會用什麼方法是由祂們來決定，因祂們比你了解你自己，祂們是全面觀，祂們知道你的累世今世、過去現在未來、你的靈體曾經學習過的次元。你記憶體儲存多少的資料，祂們都會一一核算過，教材要加什麼、減什麼，皆在祂們的檔案裡，你只要和祂合作即可。把自己交給祂，祂會比你在世間

三分鐘工具

連結現階段的指導老師

A：觀想自己坐在蓮花上。
B：心中默唸：「請求我的指導老師與我連結，感恩您。」
C：靜坐一會兒，當你感知有能量流動時，
冥想在頭頂上有七彩顏色之光，則順時鐘旋轉。
D：再請教祂：「請問指導老師，您是哪位？」
E：如果沒有得到回應，則多做幾次。

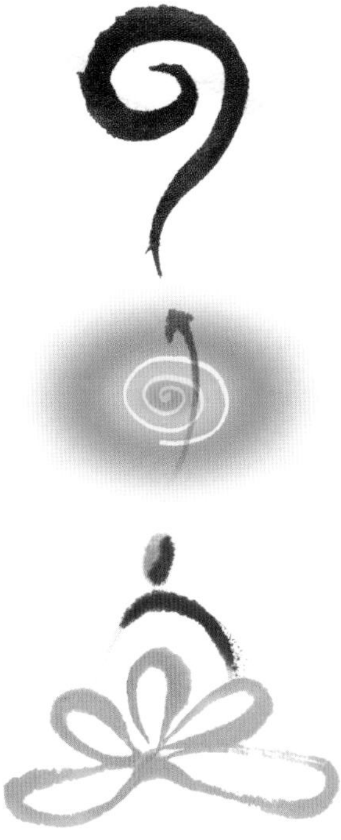

的父母還要照顧你的。

「意識」是你和祂們的通道，要由你先打開這條通道，打開的方法就是「相信」、「呼求」二個步驟。唯有相信，這通道的門才會打開，就如同你們的「芝麻開門」，這不是一個口號，而是將意念注入。當祂為你開了這扇門，你要做的就是「呼求」，如同你打電話找人，呼求就是你打電話給祂，你不打電話給祂，祂不知道你在找祂，那祂也就不回應你。

或許你還不知自己的指導老師是哪位？這沒有關係，你只要呼求「我的指導老師」即可，在往後的機緣裡，祂會讓你知道祂是誰。之後，祂會降低頻率來與你連接，幫助你提升頻率；在「祂降你升」的狀態下，你們的頻率就接上了，就如同你們的收音機一樣，轉到你要的頻道，節目就呈現了，原理是相同的。

作為學生的你，只要開門，打電話；身為老師的祂，要找到你，準備節目內容。那麼你和祂將是共生的，有了祂的力量，你的人生就不用這麼費力，天上人間的合作是人類最大的智慧，也是天上最大的期盼。在此我告訴你們一個祕密，那就是——你是最大的贏家。

心筆記

13

夢想成真

你的「痴心妄想」在高次元其實是家常便飯，
想像力＋好奇心＋挑戰力＝為夢想灌注能量。
祂們認同你的正面思想，
但祂們更讚賞與提供資源給行動的人。

要「夢想成真」，最大的核心元素就是「愛」，所以這篇章以「愛」作主題。

「愛」為何物？除了你是她的產物、她是你的出處源頭、她是你生存的基本動能外，她有一層面紗在其內，我今天就要揭開這層紗，用世間法，讓世間人能更透徹其中的道理。

打開第一層紗，愛就在「聲波」中。聲波是有振動頻率的，它可以啟動你全身的穴道。在設計你們肉體時，耳朵是用來聽的，耳朵其實還具有身體上所有的穴道。

為何要將身體穴道設計在耳朵內呢？而且又有兩只呢？那就是要透過聲音，來傳遞能量至全身。傳遞是要有管道的，而你們的穴道就是管道，如同你家裡的水龍頭，要運送水到你家，那過程是要靠水管來運輸，原理是一樣的。

這也是為何宗教、身心靈領域，都有他們所屬的音樂。人體對於聲音，經過耳朵傳送至全身，這是一個接收的作用，在你體內會產生化學變化，因振動的頻率會調整你穴道內部的成分，去蕪存菁。所以音樂是很好的療癒工具，對於那些音樂工作者，我們高次元都是讚賞的。

話語是傳遞情感和表達情緒最直接也最快速的方式，話語的好壞影響層面很大，所以在修行中，第一要修的就是「口德」。因你的一句話、一段話，影響的是這個人全身性的變化，你造成他人身上的創傷，進而存留在記憶體中，而加諸了他人負能量的產生；這因你而衍生出來的負能量，一定會反射回來至你的身上，因為是你造就的，宇宙要你全盤接收。

聰明的你，要去聽好的音樂、能感動你的音樂；去聽好的話語，能幫助你的正面語言。那你全身的每個穴道會大大的張開嘴，吸取愛的養分。

兩隻耳朵的功能，就是要你能進也要能出；就如眼睛能開能閉，鼻子能吸能吐，嘴巴能張能合，都有「進和出」的功能。所以耳朵也是如此，一隻把愛帶進，一隻把傷害帶出。當你是有覺知的，有意識的，你自會開啟排毒系統。

第二層面紗是「腳底」，它代表的是你的「行」。在腳底的設計裡，和耳朵一樣，都有著全身穴道的存在，這樣的設計有著精密的原理。

足是矗立在地、人、天的支幹，它是一個下傳上達的電報系統。透過它

三分鐘工具

夢想成真

A：先設定你想要的元素，如成功、健康、平安、財富……
B：觀想一個光球在你頭頂上（白色光有清理、淨化功能），
把你想要的元素放置其內。
C：光球之上有一個粉紅色的光網（代表愛的能量）。
D：白色光球穿越粉紅色光網，投射到宇宙大愛中。
E：再將你發射出去的元素，反射至你的身上（加速作用）。
F：感謝宇宙大愛的給予，並迴向：「我已得到了。」

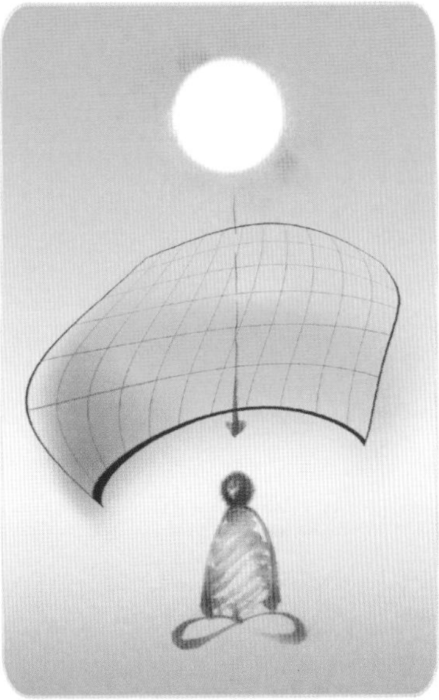

本身具備全身穴道的功能，將地氣的能量傳至你的身體，讓你能在地球的大地上，維持生存層面的需求；它吸取了大地的氣息，穩定你的全身能量，踏實地站立在物質實相的根基上。

在另一個形而上的面向，大地之母也是透過它來傳導關懷給你們。大地母親給予你們一個很好的禮物，就是：你們可藉由腳底的功能，將身上負面的磁場能量傳輸出去，也就是有淨化的作用，土壤會幫助你們吸附的；常赤腳踩土壤、草坪，都是非常好的。還有，常常走路，對你身體能量的傳導是非常有幫助的，因大地母親是透過腳來傳遞實相能量給你們，也就是她的愛。

在此最重要的是，無論你感悟深淺，不要只是用在「心」而已，那個成效不夠，最終的意義在於「行」，就是去做，唯有做了，才會變成真的。在行的過程中，你的領悟和感知會迅速地成長。也只有在行的過程中，才能把自身「愛的本我」找回來；也只有在行的過程中，高次元才會與你連結。祂們認同你的正面思想，但祂們讚賞與提供資源給行動的人，這兩者差異是很大的。

第三層面紗是在「脈輪」，它是屬天、屬地的連接體，也就是精神層面和物質層面的整合體。聲波是精神領域的，腳是物質領域的，而脈輪是兩者的綜合，它起了平衡的作用。

脈輪的淨化和提升，對你們是非常重要的，它記載了你累世的故事和情緒的殘留，而影響了你這世的狀態，它如同一條線，引動著你的命運。

在人世間，去「了解脈輪」是很重要的功課，在此我無法詳述，因這是一個大內容，宇宙次元都有下載這管道給人類了，你們要去研究與了解。

這三層面紗，幫助你將人性的雜質去除，才能通過那扇子。因只有純淨的才能穿過扇子；到達高磁場、高能量的場域，也才能「夢想成真」。

14

愛與慈悲

慈悲涵蓋著「學習」的成分，她要你成長；

愛則是所有次元的母親，她在你裡面。

在宇宙裡沒有單一的事件，我們都是相關連的。

態度、心念一改變，劇本就不同了。

慈悲是有劇情的，它根據「現在」的你，而形成了劇本，定位了角色；它的基本原則就只是要你「學習」，它只是訓導主任，目的就只是要你「改變」，讓你能更好。

當慈悲來了，或已經早就到了，那表示你變得更好的機會將要來臨了，你有機會創造不同的自己，改變自己的生命程式。

你想想，每個程式的設計都會呈現不同的功能，但你只要把前後字元互換次序，它就又變成一個新的程式，功能不同了，結果也不一樣了。

所以，現在劇本雖已形成了，但你可以改變劇本，讓劇情依照你的期望去演繹。不需要大費周章，將主角、配角替換，因你沒有那個能耐；即使配角換人了，但內容還是一樣。你是主角，你只能換劇情，但無法換配角，因配角是依劇上演的，任何一個配角都必須配合劇本的內容去扮演，這是他們的職責，所以別想換人演出，沒有用的。

既然劇本是由你寫的，那就改變劇情啊！怎麼改變呢？一個劇本一個程式，你不需重新設計新的程式，你只要將前後字元調整就行，即使只調整一個字元，但結果卻完全不同。那個調整就是「態度」、「心念」，態度、心念一改變了，程式就自動轉換了，劇本也就不同了。

要先清楚，他們都是在配合你，他們都是因為你而產生出來的；更明確地說，他們是受害者也是犧牲者，放過人家吧！

當你轉換了程式，他們的程式也因此轉換了，因為在宇宙裡沒有單一的事件，即使是不同的次元空間，我們都是相關連的，更何況你們是在同一次元空間裡，那影響的範圍更大。

「態度」、「心念」的柔軟性，多與寡的分量，決定著劇情變化的強與弱。如果現在的你還很難去「行」的話，在此我提供一個簡單有效的方法，就是：將你所期望的和對方的關係，用筆和紙完整地描述出來，每天讀個幾回，那會循序漸進地進入你的意識裡。在有一天，一個適當的機緣下，你就會有機會、有勇氣去表達，因宇宙會根據你的意願來協助你的。

我們高次元都希望訓導主任能趕快讓你們結訓，結束你們的功課，而回到人生的主題上——與愛連接。

心筆記

15

如何改變現況

你的感受是體驗過程中，啟動自性的重要關鍵，以「喜悅之心」來體驗，還是以「悲憤之心」來面對？

「業力」是你成為人的根本，就如同有土壤才能讓樹木成形。「感受」是你業力的來源，負面情緒就是不停地幫土壤施肥。

在第一冊《找》這本書裡，我談到「因果樹」，這是一個最容易理解的說明，在此我還是以這主題來延伸。

業力是這棵樹的土壤，土壤是先天的，也就是累世的業力在你出生的那一刻，它就跟著你一起來到世間，也可以說，它是你這一生的影子，有你就有它，每一個人都是這樣。它是讓你能在地球為「人」的根本，如果沒有了它，那你就在更高次元了，而非在這三次元的空間裡；就如同沒有了土壤，樹木是無法成形的。

為什麼業力是你們成為人的根本呢？其中的道理是：當你初始的生命光源所具備的能量光圈，並不大也不高也不亮，宇宙大能會根據這個生命光源的本質，幫你選擇適合你生存的次元、星球。

每個次元的能量場域是不同的，因純度和密度的問題，低能量場無法穿梭到高能量場，就像一根粗的麻繩無法穿過你們縫衣服的細針，除非你把麻繩磨到和針孔一樣的大小，而這個「磨」的行為，就是你們說的「修行」，也可以說是淨化、除惡、調整自己……

即使是同一個次元，但每一個星球的生活形態都不一樣，宇宙大能會把相同屬性的靈質放在同一個星球來共同成長，所以只要身為人類，你們都很雷同，其實都是一樣的。就如同你們說的：不是一家人，不會進一家門。總體人類就是一家人，否則你們不會一起進入「地球」這家門的。

同次元、不同星球所要學習的主題都不同，人類在三次元裡，算是能量場域較高的，在靈性的成分上是較多的，所以你們對「感受」是強烈的。你們在追求物質時，並非全然地在生存上。生存並不難，只要你今天吃飽了，就活下來了，動物就是如此；然而你們是物質＋感受。

這麼說吧！當你在追求物質時，內在會有一股聲音在悄悄地告訴你，如果你有了這個，會獲得什麼。獲得什麼呢？安全感、尊敬、肯定、情感、支配權、優越感……這些都是感受，而非生存。

而這些「感受」就是你業力的來源。生存不會造就你的業力，因為它是本然的需求，它是這生命光源所必須的元素，它是很純粹的。但「感受」有正負能量的產生，是有儲存在細胞體的記憶能量，它會改變你細胞的活動力和認知感；細胞又啟動了你的行為，而你的行為形成了你的命運。這是一連串的關係，無法切割，但可以從源頭處理，來改善、進而改變你的命和你的運。

細胞是要吃東西的，你餵它什麼，它就吃什麼，它的食物來源就是你的心，也就是你的「感受」。細胞會餓的，當你處於負面時，它會很認真的吃，且吃飽飽的；當你處於正面時，它也會很認真的吃，也吃飽飽的。然後所吃的養分再回到你的生活上，就像你們的胃，它無法選擇想吃什麼，是你選擇了食物給它，它只能照單全收；你給它吃了什麼，它就吸收什麼，然後再回到你的健康狀況上。

當你常處於負面情緒時，就是不停地幫土壤施肥，讓這棵「因果樹」長得又高又壯，遍地開花結果，然後把你的生命吞噬了。你的生活奔波於對應業力的追討，生命是衝擊的，無法安靜，更不能達到寧靜；那樣的生命品質是很灰色的，既沒有色彩也沒有亮度，那你在宇宙中的位置會是非常低層次的，低層級的緣分一定會找上你，因你和它們形成了相應的能量，也就是相應的緣分。

人類對於自己的「情緒」、「感受」的自制力是較軟弱的，因你有本身細胞儲存的記憶能量外，還有外在大環境能量的干擾，也就是內外會夾攻你。

而你要很有覺知的去意識，內外的中間會有「空間」，而這空間要放什麼，就是關鍵了。放進光、指導老師、神佛、上帝、善知識、音樂……把這空間塞得滿滿，然後向上（宇宙）去伸展，也就是輸送至宇宙，那麼宇宙使者們會幫助你開啟內在自性，也就是使者們會幫你通知你的大我；然後你的大我會連接你，大我會指導你該怎麼思維、該怎麼行為、該有什麼樣的價值觀，對你才是最佳的，這就是真正的智慧。

孩子們，別老是想要自己使勁，轉又轉不過來，總是和自己過不去。在人間，你們常說要具備人脈，而把這人脈建立在與「高次元智慧體們」上，那就是最高境界的外交手腕。你們的人脈關係只在三次元，祂們的人脈關係是橫跨好幾個次元；祂們的高能量能消耗你的負能量，能輕而易舉地轉化現在的你。而你和祂們有良好的關係時，祂們對你的一個幫助，可能你要花費一生的時間也達不到！

三分鐘工具

感受愛的能量

A：想像你在光泡中。
B：光泡中有很多高靈存有
（神、佛、菩薩、上帝、天使、光）。
C：祂們圍繞在你身旁，不斷傳播愛給你。
D：直到你感受到滿滿愛的能量。

16
錢

錢是一個中立的「能量轉運站」，
錢就如天平，一端放著精神另一端放著物質。

你和鏡子裡的你，就像你和錢的關係。
因利他而油然升起的喜悅，讓能量轉高，錢自會找你。

你和錢的關係就如同一個投射鏡，一邊是實相的你，另一邊是鏡子的你，兩個都是你自己，差別在於一個是摸得到，一個是看得到。

看得到的那個你（鏡子裡的你），是透過摸得到的你才能看見，也就是眼睛是長在實相的你，如果沒有具象的你，那鏡子就照不出東西來。所以，「錢」的含意是你們三次元實相生物體所需的，在精神層面的你是沒有需求的。但實相的你已產生了，生存所需也已設定了，所以鏡子裡的你也必須和實相的你相應，一起共同合作，達到較好的完整性。

試想，當你在鏡子前浮現一個笑臉時，鏡子裡的你也出現了笑臉；當你顯現的是一個苦瓜臉時，它呈現的也是苦瓜臉。鏡子很真實地反射你給的東西。然而，你和錢的關係也會是如此(在此我先排除因果和某些特殊的關連)。

當你對錢的看法是健康的，那它迴向給你的就是健康的力量；但如果你對錢的觀點是站在自利的，那你就以自己（因果＋業力）的力量來追逐它。然而這樣很容易造成「你追它跑」的現象，因為你的業力會帶著它跑。

我只能告訴你們，你是跑不贏它的。因為當你把錢視為利己時，那它就成為負面的能量，再加上你本身諸多業力的負能量，它們會成為好朋友，形成一個團體。它們會很團結的，因它們有共同的目標——「你」，你是債務人，它們是債權人，它們絕對有權利來向你討債，因是你欠它們的。

當你對錢的認知是「低能量」時，那它會以更低能量來找你，因它會找夥伴，集體來向你追討。但當你對錢的認知是「資源」，是一個人類共同需要的資源，它就會是一個強而有力的力量，成為可以推動家庭、社會、人類進化的一股驅動力，也就是站在利他的本位上；那麼，你對眾人的願力，他們會收到的，他們會把所有的祝福迴向到你身上。道理和前面所談的一樣，低能量會呼朋結伴，高能量亦如此，它們會集體來祝福你。

錢是「能量轉運站」，轉高轉低，在於你的意念，就像在鏡子前的你，要作什麼表情，是由你作主，鏡子裡的你只是如實地呈現給你而已。

當你在利己時，會有快樂，但快樂很快就沒有了，痛苦卻是常留於心；但當你在利他時，喜悅會油然生起，喜悅是常駐的。因喜悅會讓你的靈性發光，滋長了靈體，餵養了靈體，於是你靈性的能量更大更亮，很容易與高次元連接，祂們又會輸送能量給你，因為祂們讚賞你，會額外的加送禮物哦！

當你這個「能量轉運站」，加足了正面能量，你、眾生和高次元，都有滿滿的能量，都在高高的次元，錢能不找你嗎？

三分鐘工具

財富能量

A：將自己向上伸展，來到財富能量的場域裡。
B：全身充滿財富能量（金色），閃閃發光。
C：將充滿財富能量的自己，放到地球中間。
D：最後將金色元寶（財富能量），置在你身上。

A

B

C

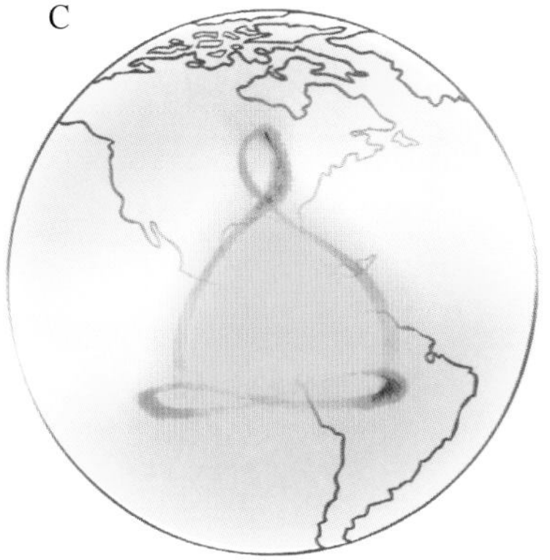

D

17 修行

當你一旦開啟靈性的覺知，
就能接受宇宙的祝福，大方享用生命中完美的安排。
內在凝聚正向的能量，你就可以運用、分配力量在你想要做的事上。
愈簡單的初衷，所產生的力量愈大。

你們常提及：人要修行。然而修行是一個活動，是身、心、靈三方面加起來的一個整體活動。聽起來很難，其實很容易，原因在於：它只是一個觀點加上一個行為，就能轉動你全身的能量。

身體的能量是要流動的，否則你就會像是個冰凍人，同樣的思維、同樣的行為，是無法有任何新的狀態發生的，就像個機器人過著機器般的生活，那你的生命就太可惜了。

我把修行化繁為簡的說之。修行就是轉換自己的能量，把自己的人生程式重新組合，哪怕只是微調，或只是將程式的次序互換一些位置，而你的人生就會走向不同的境界。

修行不是只為了修行，修行是要改變你的生命和靈性而去做的一個行動，沒有了「動」，一切都會僵硬，能量就會停滯在同一個點上，所有的事情無法產生變化。不變化，不僅不能走向好的，不好的還會擴大，因又加上你的情緒、抱怨……又給因果樹施肥了。

外在的東西對你們充滿了吸引力，你們一直想要它們，那它們就會圍繞住你的整個生命，一層一層的包圍你，直到有一天你喘不過氣時，你才驚覺它們的可怕和威力了。

修行首先的一個行動就是：**先放下外在的東西**，不是不要它們，只是先放在旁邊。**接著的步驟是「走向自己」**。要知道，宇宙是因為「你」而給予了生命，並不是給予了外相生命，然後用它們來控制你。這個概念你們一定要釐清楚，要把能量放在你自己身上，不是放在外在的東西上。

當你能在你的內在凝聚正向的能量時，你就產生了力量，你就成為「力量的使用者」，你就可以運用力量、分配力量在你想要做的事上。現在大部分的人們，都是被外在的力量支配著人生，這不是宇宙大愛的原意，但卻是要你們學習的地球功課。

這股力量是「心的力量」，幫助你處理世間的大小事。我說過，別小看這大小事，因你的人生就是由這些大小事拼湊而成的，它就像是個拼圖，一片一片的組合成為一副圖像，那每一片都是你生活中的每一件事、每一個關係，而那最終的圖像就是你的人生了。圖像美不美，就在於你每天為這每一片拼圖畫上了什麼圖片、給了什麼色彩，所以人生藍圖是你為自己畫上的。

請認清一個觀點，就是：宇宙是將生命給你的，千萬不要把這寶貴的生命交給外在的人、事、物上。你要去發現自己，去對自己這個獨立的生命體有興趣，然後去讀自己，要把自己當成一本書來讀。別老是讀別人，你一直讀別人就是把自己一直交給別人，別人不用為你負責，唯一會對你負責的是你自己。

請實踐一個行為，就是：**你要成為「力量的使用者」**。在此我要說明一點：愈簡單的初衷，所產生的力量愈大。也就是說，當你的起心動念愈單純，那引動的力量就愈強大，因為它裡面的雜質很少，力量就只為「產生力量」所用，滾動起來就有幾倍的效應；但如果裡面的成分很多，也就是雜質很多，就會分散大部分的力量去處理它們，其餘剩下的才能被你使用，那力量就已經大大削減了。

修行就是把那些沒有用處的雜念去除掉，還原一個乾淨的自己。唯有在純淨的意念時，自我本身內在的力量才會大大地運轉起來。別忘記，還有我們的加碼哦！

18

如何與宇宙意識連結

宇宙的本質就是愛，而你本身來自宇宙。

你本然俱足的愛，會指引你回家的方向。

你我都是宇宙藍圖的創造者，共同創造了宇宙的現在。

成為一個有覺性、被愛照亮的光明之人，你的人生就會大翻轉。

首先，把自己的東西拿出來，那就是「愛」。不用質疑它的存在，因你就是它生出來的，沒有它，不可能會有你。愛是你的「生命母親」，它創造了整個人類族群和所有空間次元，所以它是宇宙的創始者，而你們是宇宙的創造者。

為什麼說你們是宇宙的創造者？真正的真相是：我們都是宇宙的創造者，我們共同創造了宇宙的現在。也就是說，現在的大宇宙是每個次元加總起來的總體意識，我們創造了自己次元的形態，也創造了宇宙的形態，所以我們是宇宙藍圖的創造者，你我他都是在其中，一律平等！

你們每一個人的心智造就了你們次元的生存狀態，所以別把問題往外推，你們次元的問題，每一項都和你有關。你既享有了活著的權力（陽光、空氣、水都為了你而存在），你也必須為你的次元負起義務。而那義務就是你的思想，你的思想要成為「愛的火焰」，用愛之火燒掉自己的負面、錯誤、醜陋，用愛的火焰點燃心中的光明燈；這盞光明燈不僅照亮了裡面的你，也給了他人指引的方向，因為這盞燈是由愛來點燃的，它具備了濃濃的愛之光。

當你握有了這盞光明燈，宇宙意識會循著這光來找你。但你要有覺知，覺知到自己和以往的不同，思想、心境、生活，周遭人、事、物的變化……慢慢地你會醒過來，會愈來愈清晰，逐漸脫離混混沌沌的人生，成為一個有覺性的人，成為一個被愛照亮的光明之人，那你的人生就會大翻轉～

要怎樣才能有這盞光明燈呢？當你能看到這本書時，光明燈就已在你手中了。點燃它的動作，我們高次元會去做，但你要拿好這盞燈，別把它丟了，不然我們是找不到你的。

光明燈、光明人、光明路，是你們次元最需要做的。只要你們願意，保持一顆不退轉的心，其他的，你不需要太費力，我們都在幫你安排中。

三分鐘工具

與愛連結

A：觀想自己手中拿著一盞光明燈。
B：循著光明路往前走。
C：走到愛的能量場域，感受到整個空間都掛滿著「愛」字。

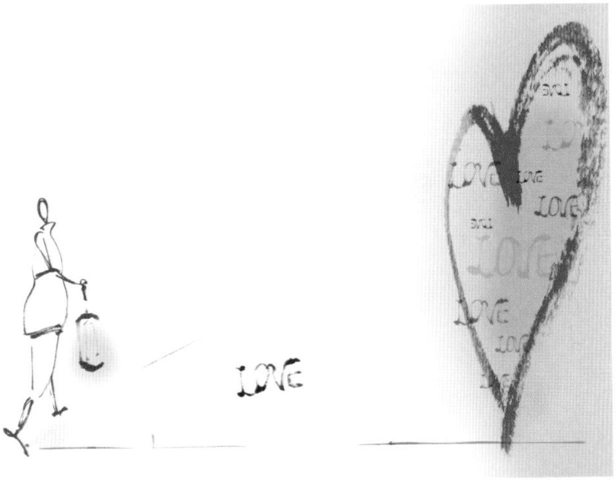

19

二個你

「你」究竟有幾個本尊和分身？要合一還是分裂？
看哪個會讓靈魂安心，選擇權永遠在你手裡。

這個你是承受「結果」的你，而那個你是「創造」的你，
那個你才是你真正的情人，只有你們結合了，你的生命才能完整。

你其實不是你自己，但你還是你！這麼說吧——你只看到眼睛能看到的你，而眼睛沒看到的，你似乎不覺得有「那個你」（以下有時也稱為「他」）的存在；即使知道他在，不關注他、也不在乎他，更不知道他身在何處、他有什麼需求、他的處境如何、對你又有什麼影響？

孩子，你們傻啊！眼睛能看得到的你，其實在宇宙中能發揮的力量並不大；而另外一個你，才是真正力量的施展地，而你們卻把生活、生命全交付給沒有力量的這個你，有力量的另一個你卻沒有機會來為你服務。

你能看到的你，喜歡流連在紅塵裡，喜歡打滾在世俗界中，貪婪和欲望無止盡地吸引著你，所以你被低能量綁架了；都已被綁架了，那自己所擁有的力量就無法拿出來，因你把力量交出去了。低能量會收集和它一樣的能量，讓你存在的整個空間變得更不好。大環境不好，個人也不容易好，這就是循環系統。

你看不到的那個你，喜歡喜悅，喜歡光明，喜歡寧靜，喜歡成長，喜歡高能場的和諧和愛，喜歡和我們共頻共振。但你知道嗎？有些人冥冥中知道，卻不想正視他，還刻意趕走他，因你害怕他的出現將會影響你在這空間的生存，要將你喜歡的所有拿走。

你們錯了，大錯特錯。你們認知的觀念完全不是真相。真相是：他一直想給你完美的人生，富足、喜悅的生活，他是你美好生活與生命的供應者，因為只有他能接收到高次元的祝福和禮物；而你看到的這個你，只能在因果輪迴中掙扎，在夾縫中求生存。你說，你喜歡哪個你？

孩子們，深思啊！現在是你們把智慧拿出來用的時候了！

這個世界的你是承受「結果」的你，而另一個世界的你是「創造」的你，所擁有的力量是完全不同的，在宇宙中的位置也是不同的。趕快去找那個你吧！那個你能幫助你再造過去、現在、未來，因為他具有創造的能量，他能和宇宙能量共融、和高次元互助，進而將高階能量帶下來給你，改變你的人生模式。

別被這個世界的你自己騙了，而繼續留在這三次元空間裡，宇宙大愛已經準備好了更好的次元、空間，等著你們前往，那裡沒有生存的奮戰，只有愛的學習，萬事具備，只等著你的「那一步」。

「那一步」代表你個人生命體的重造，也是你為所有次元和宇宙母親所做出的最大奉獻。只要你願意，你的「那一步」，高次元的智慧體們一定會來幫助你的。

「那一步」就是：去找到那個你。怎麼找呢？首先你要先了解那個你喜歡什麼、不喜歡什麼。他就如你的「情人」，你們在談戀愛時，是不是要先知道對方的喜惡、再付出行為？對方有感動了，你們才會相應，進而在一起。道理是一樣的，那個你才是你真正的情人，只有你們結合了，你的生命才能完整，才能在宇宙空間中成為「一個生命體」，才能代表「一個位置」。

你的「生命情人」喜歡什麼呢？在此，我用最簡單的方法告訴你，那就是「喜悅」。不論現在的你處境如何，你都要深刻地認知到，這都是假的，這只是在督促你成長的劇本，訓導主任（慈悲）只是要你懂了、改變了，他就走了，他才不喜歡一直跟著你；學生愈多，他愈忙，他比你還希望你趕快下課呢！

當你知道原理時，那行動起來就容易多了，這就是我為什麼要用文字不斷地告訴你們。

其實你們的頭腦笨笨的，他很好「騙」，因為他只能接收到外在環境的資訊，然後形成邏輯，制定模式給你。抓住這個原理，就是「哄它、騙它、拐它」，不論你現在是什麼狀況，你都要不斷不斷地告訴你的頭腦所有正面的資訊，他會認為那是真的，然後通知細胞轉化能量；細胞會聽令他的指揮，將負面的轉化成正面的。

當你常常處於正面能量時，你的「情人」就喜歡常常和你在一起，因你們是在同一個能量場域裡，彼此能共生；如果是一正一負，那就會有推擠，產生了排斥狀況，你的「情人」就會常常遠離你，甚至離開你，重新找新的情人。

學習使喚你的頭腦（輸入資訊給他），轉換細胞能量（喜悅能量），那你就能和你的「情人」甜如蜜了。這個「蜜」，就是共創美好的生命。

三分鐘工具

與大我合一

A：觀想自己走在一條道路上，左右兩方以及前方各有天使在側。

B：天使引導你往前走，走到路底端。

C：前方有一團光芒，有細膩的感知力，去感受大我的形體。

D：當你看到，感受到大我的存在，走進去與大我合一。

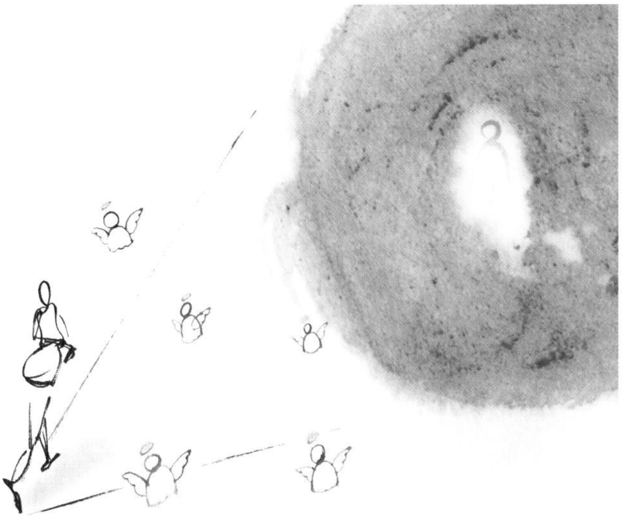

20

感恩與感動

感動必須人心，感恩則是和宇宙接軌最容易的頻道，感動改變你的人生，感恩徹底轉化你的生命。

「感動」是釋放，「感恩」是轉變。

宇宙在三次元設定了「時間」，是要讓你有「空隙」去改變過去。

這兩者的不同之處，是在於細胞質能轉化程度深淺的狀態。「感動」是釋放，「感恩」是轉變。

我用淺易的方法來說明。當你看到、聽到電視劇或電影演出、或朋友的處境時，有些人會感動地掉下眼淚；有些人感受不強，似乎只是在看、在聽一個故事。你們會用人性的角度，去判斷這個人的心是硬或軟。這是很主觀的想法，其實有另一層面的原因就是：很有可能在你累世的人生中，你曾經扮演過這些劇本的內容，你是觸景傷情，你喚醒了細胞記憶體內存的檔案，透過外在的環境引動它。

這是很好的機會，趕快有覺知，因為這記憶的喚醒，可以幫助你釋放掉受傷的印記。就如同你回到過去，可以重新走一遭，讓過去、現在、未來在一個線上，同步去改變。它是一個契機，一個能讓你重生的機會。

當你感受到感動時，千萬別將自己的情感壓抑，最好是將感受擴大，強度加深，更佳的是透過眼淚來釋放。眼淚代表的是你刷洗了細胞內的傷痕，那強度是夠的。多有感動、多流眼淚是淨化自己很快速的方法。

釋放了，再加上「感恩」的能量，那你就轉化了細胞的質能（細胞的品質），也就是將負的轉成正的，那就是轉變了。

怎麼做呢？就是想像讓自己進入那角色中，用正面的想法、正面的做法，告訴自己，這樣做才會更好。你的頭腦傻傻地分不清那是真的還是假的，但它會聽從你的資訊內容，命令細胞做處理。同樣的方式，你可以回到過往你發生過的事件上，去重新演繹，大量的注入正面的能量，也就是正向的思維和理念，那就是三步進行曲（過去、現在、未來）了。

你們要有覺知、有意識地過生活。其實你每一天遇到、看到、聽到的，都有機會轉化你的生命。尤其是你在幫助他人時，那轉化的速度是非常快速的，因為加上了高次元對你的加持（注入高階能量）。我們必須這麼做，因為這是我們修行的根本法則，更是宇宙的最高宗旨——「愛」。

宇宙在三次元設定了「時間」，這是要讓你有空間去學習，有機會去成長；然而它隱含了更深的祕密，那就是有「空隙」去改變過去。過去的種種，只是在教導現在的你，該改變的是什麼？當你懂了，就能把現在正面的你，帶回到過去的你，那負面記憶檔案就會被刪除；改變現在的你，就能改變過去的你，更能創造未來美好的你。所以，所有的一切都在「現在」！

心筆記

21

心的未來

心是一個自由心證的能量場，心是一艘沒有方向的船，

身為船長的你，就是要「找到地圖」與「定位方向」。

你的心創造了你的世界，決定了你的生命品質，

想知道你的心飛到何處？就看你現在的生活處境。

你找到工具了嗎？趕快找，愈快找到就愈快拿到寶藏。是什麼寶藏呢？就是豐盛的人生，也就是：你生活中所需的任何面向（精神領域＋物質層面）都是富足的。

「宇宙特產」就是「豐盛」，因為愛之母（宇宙母親）最喜歡的就是給予，給予是她最高原則之一。她就如同你世間的母親，總是怕孩子匱乏，總是擔憂孩子這不夠、那不足。她對每個次元都是如此，我們和你們都被這愛包圍，因為每個次元的生物智慧體，都是愛的產物。

但因我們是在高次元裡，沒有物質實相的障礙，所以更貼近她了，也就更了解你們所認為的宇宙奧祕。

這宇宙奧祕的面紗就是「愛」。你們可能會覺得，這不是老生常談嗎？為何一直談呢？會一直不斷地提醒你們，是因為人類一直做不到，所有的知道都要轉化成做到，我們才能將恩典賜予你們。宇宙有宇宙的律法，我們也不可以違法，否則我們高次元也必須被制裁。

我現在再來談及「特產」的問題。當你們去到一個地方時，總是會想把當地的特產帶回來。現在的你已知道宇宙的特產是「豐盛」，要如何帶回來呢？

當然，你必須先到那裡，才能將它帶走，也就是先到那裡（高次元）一遊。如何去呢？就是「心」到，心可以去任何地方，可以去天堂也可以去地獄。

這麼說吧！你的心創造了你的世界，想知道你的心飛到何處了，那就看你現在的生活處境，一切清楚明白。

「心」是通往「靈」、造就「身」的樞杻，它具備了很大的選擇權和空間，更是身和靈的橋樑，所以心的空間裝了什麼，是所有關鍵所在。

身附屬在它之下，由它來創造你的生活實相；靈承接在它之上，由它來決定你靈性的層級。也就是：心，決定了你的生命品質；生命品質的高低，決定了你生活實相的好壞。

所以，想過好日子，那就先把「心」管好。要很留意這空間裝進什麼了，什麼該拿走、什麼該拿進來，這是你必須要做的。當你這麼做時，我們的祝福就能進來了，那你的生命之輪很快就滾動起來，也就是改變會很快發生。

想像你的心是個盒子，空間是有限的，你要放什麼在裡面呢？當你放了滿滿的愛，那就是你到宇宙一遊了，就可以把「宇宙特產」帶走，帶到你的生活來。

三分鐘工具

愛心擴大法

A：觀想自己的心輪上，有顆「愛心」，
這顆「愛心」一直往外擴大，愈來愈大。

B：最後你被這顆「愛心」包含在其內。

C：「愛心」裡包含著你，還有任何你想要的元素，
把你想要的元素都放在這顆「愛心」裡。

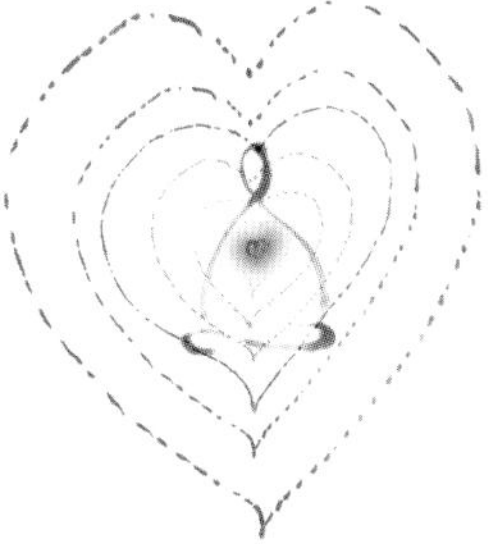

22

打坐

「打坐」幫助你聚焦鎖定自身磁場，和宇宙大能量團接軌融合，如同收音機，你必須先找到頻道對準它，空中電台才會呈現。

打坐是一條捷徑，是「勇者的行為」，一個內心勇敢的人，才會有勇氣看自己，面對自己。

「打坐」是個交通工具，一個通往目的地的運輸方法。當然方法有很多，都可任由你選擇，就如同你要到達一個地方，你可走路、開車、搭船、搭飛機……都可抵達，只是時間和方法不同，任君選擇。

然而，打坐是一條捷徑，它的速度是較快速的。因為在這過程中，你個人對「自我空間」的處理較敏銳，觀察「自我空間」的深度較深層，也就是對自己的解析度更透明化。這是非常好的狀態。唯有先了解自己，才能帶領自己走向何方。

打坐是「勇者的行為」，一個內心勇敢的人，才會有勇氣看自己，面對自己，解決與處理自己的問題；一個軟懦的人，選擇的永遠是躲避，那機會也永遠跳過他，只能讓人生功課（苦），去喚醒他。這並非絕對的不好，但明明有更好的路，為何不走呢？這就在於你們個人的選擇了，我們是不能干涉的，一切尊重。

透過打坐這方式，你能讓經常接收外在紛亂資訊的腦部沉澱，讓你的頭腦喘息，讓你的細胞釋放；這樣才能挪出空間來，接收高次元給予你的高品質能量，這是轉化你人生軌跡最快捷的方法。

當你在打坐時，最大的關注是在「自己」，看看自己做了什麼，想想自己想了什麼；把已做、已想（負面的），用懺悔之心去化解掉。只要你願意自省，那我們就會注入光明的能量給你，幫助你照亮你自己，那黑暗就會褪去，光明來了，黑暗必走。

當你的內心世界愈光明之時，那我們和你的能量就愈能共融，我們可以一起共頻共振，那你個人的能量會三級跳的提升，可以為自己、為地球、為宇宙做最大的貢獻。

打坐是個自我療癒最好的途徑，因它具備了身、心、靈三位一體的共同共時療癒，它是三者合一，一起處理，不會切割。

趕快當一個勇者，你絕不會後悔的，勇敢的人才有權利拿到幸福。

心筆記

23 人與大自然

大自然沒有人類依然延續，但人類沒有自然則將滅亡，就像人類沒有水無法存活，而水沒有人類它依然運行。

大自然在宇宙裡是一個令人感動的能量場域，它是活生生的。在每天呼吸的那一秒，感恩它的存在、它的奉獻。

你們常說，人活著就是一口「氣」，然而這「氣」，是什麼？分兩個面向，一個是呼吸的氣，一個是氣場的「氣」。

呼吸的「氣」，你們得來毫不費功夫，當你一誕生在這地球，它就無條件地供應你，直到你生命結束。想想，這是多麼大的愛啊！它來自於哪裡？它來自於大自然。

大自然在宇宙裡扮演的是無私的奉獻者和供應者，它是一個令人感動的能量場域，它是活生生的，它是相應的，且是交流的。

大自然與人類的關係原本是供應者，現在卻變成犧牲者。人類在宰殺它，宰殺一個供應你們所有生存元素的付出者；它已經傷痕累累，重病在身，難道你們還不覺醒？犧牲是有個限度的，到了不堪負荷時，就會毀滅。這不是宇宙的初心，宇宙大愛要的是：所有生物共同進化、共同提升，沒有犧牲，只有互助，在愛的能量裡互相依存。

大自然也是個生命能量，也有所感知能力，在所有礦、植物裡，也想要成長，想要提升次元；在宇宙大愛裡，它所占的位置和你們是一樣的，並無分別。別認為人類高於它，它的奉獻精神甚至高於你們，被宇宙大能肯定的成分也高於你們。

你們啊！別再催毀它，它是要陪伴你們到四次元空間，繼續供應你們生存之本的所需。當你們現在保存、保護完整的它，那你們未來在四次元的生存環境會愈美好，因它和人類是攜手共進、共生共存的。

除了在行動上採取保護它之外，更要以愛的能量回應它。當你以感恩之心迴向它時，整個大自然界的生物會是跳躍的，它們所產生的整體能量會快速流通，產生很大的正面效益。

以目前我們高次元的角度來看，大自然的能量流是很沉寂的，已沒有了活動力。你們要輸送能量給它，它會活起來的。別忘了，你們是共生的，它的毀滅也就是人類大部分人的毀滅。

在每天呼吸的那一秒，感恩它的存在、它的奉獻，這是你們可以做的，更是應該做的。

三分鐘工具

運用吐納法與大自然連結

A：觀想任何你喜歡的大自然界。
B：細細感受大自然的氣息，吸入這氣息。
C：將這氣息流通全身，再將身體濁氣吐出。
D：這是運用大自然的能量，洗滌身上的氣場。

A

B

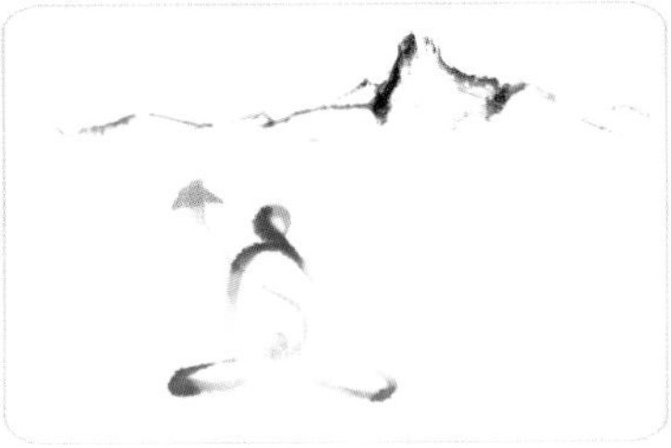

C

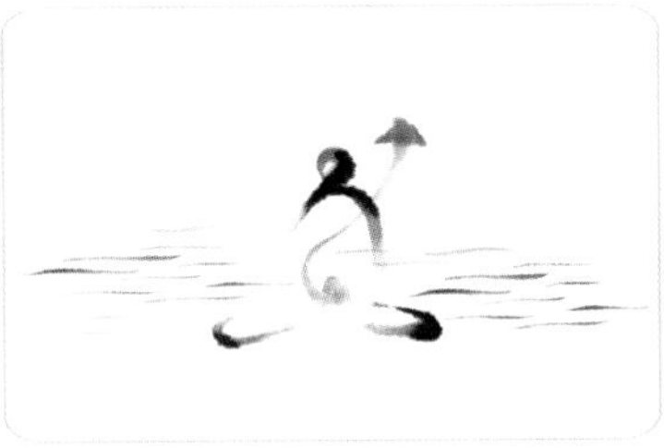

D

24

未來的你

時間是「完成事情」的一種方式，是人類確保學習的最好制約，「未來的你」掌握在「現在的你」手裡。

過去的傷不會事過境遷。用懺悔的心去面對，再注入感恩的心，你創傷的細胞就會改變與提升，運勢也會。

「現在的你」只是一個象徵，一個代表人物，象徵著、代表著那個「真正的你」，將會前往何處？在哪裡落腳？

過去、現在、未來，可以同步操盤、同步演化。之前我說過，時間是有空隙的，你們可以運用時間的空隙，使用靈性的本能，回到過去，去處理事件所產生在你心裡的創傷，那對現在、未來的你有很大的幫助，這是一個很大的療癒功能。

孩子們：要做啦！別以為事過境遷就沒事了，其實它一直有事的，它會像一條線，無止盡地牽引著你，讓你循著那條軌跡不斷地重複。你要切斷那條線，你才能自由；有了自由，你才能創造未來。用什麼切呢？用正面的力量切。

讓自己搭乘時光隧道，回到過去的場景，然後以不同的做法重新處理；用懺悔的心去面對所有的人、事、物，再將感恩的心注入整個過程，那你創傷的細胞就會改變，會將受傷的印記轉化成讓你成長的學習，你全身細胞的能量也就改變與提升。這直接影響了現在的你的所有運勢，而現在的你，是建構未來的你的基底。所以過去、現在、未來的你，三者是緊密相連，是可以共創、共建的。

時間只是個制約，只是個設定，千萬別被它騙了。在高次元裡，根本沒有時間，只有生命的淬鍊度，只有能量的品質度，和光的明亮度。現在的你們已在三次元學習，就要以這空間的模式來依循。但要牢記，所有的生存和生活，都只是要淨化和進化你而已。

把光明和感恩的能量帶進你的生活裡，你會發現，生存、生活不再那麼難了，也不再需要那麼用力了，因為當你的生命品質和我們相同時，我們會齊力來協助你，而高次元的那股「力」，是威力無比的哦！

療癒過去的你，能改變現在的你、未來的你，我們一起同在！

三分鐘工具

細胞療癒法

A：觀想自己全身充滿細胞，如同天上的星星。
B：將細胞吸進光，感受到細胞膨脹、變大了，
　細胞裡充滿白色之光。
C：細胞中吐出穢氣，在一吸一吐間（一大一小），
　可將細胞記憶體內存的陳舊負能量排除。
D：可單一個細胞運作，其他細胞都會跟進。

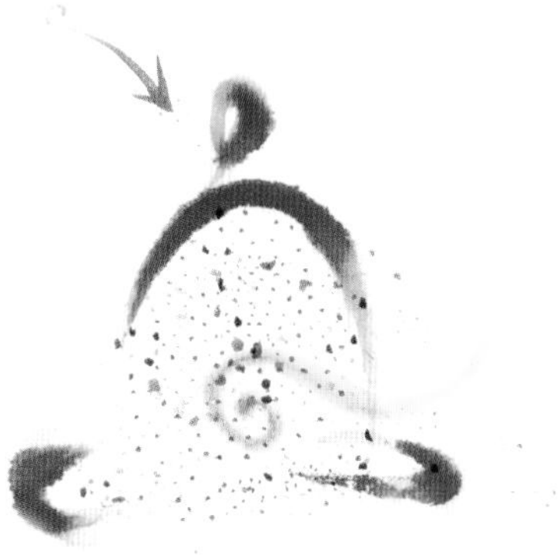

25 喜悅之心

用自身的力量改變了固化的自己，把自己從舊的變成新的，那是一種真心的悸動，一種深入細胞的感動。

喜悅之心是一種收獲的狀態，這收獲是來自於你自身的蛻變。

相信，願意，行動，用新的力量創造自己新的生命。

「喜悅」是一種狀態的存在，是一種收穫的狀態，而非得到的狀況。

收穫和得到是不同的，狀態和狀況也是不同的。四者不同的三處在於：境界不一樣，層級不一樣，結果也不一樣。

「收穫」是深長的，透過接收之後而內化，而成為你自身的力量；「得到」是短淺的，藉由獲得之後暫時性的擁有，只有外在的現象，無法進入內在，來了又走，沒有力量的存在，也就無法產生改變。

「狀態」是一種已經形成的情形，是一種穩定；「狀況」是流竄的，是一種還在變動中的情形，隨時會有變化。

喜悅之心是一種在收穫的狀態中，這收穫是來自於你自身的蛻變，你願意給自己一個機會，一個位置，用新的力量創造自己新的生命，讓自己能站立在宇宙中。然而，這股新的力量，初期我們會和你協同合作，因為人性是較僵化、較固化的，我們高次元幫助你鬆綁，讓舊的出去、新的進來，讓你的能量能有好的循環系統。再者，你自身就具備力量開創你新的人生。

凡事種種，皆在三步驟：相信，願意，行動。當你俱足了這三項，那你就是新的人；新的人會有新的生命，新的人生劇本，新的生存法則，在未來新的世紀裡，才能有站立的位置。

喜悅之心不是外在物質的得到，「物質」是很短暫的，會得到，也會被拿走。「喜悅之心」是永恆的，根本的，因為你的生命透過你自身的努力，而轉換了新的軌道，而這新的生命軌道，就是高品質的生命體。

三分鐘工具

穿越彩虹橋

A：觀想自己走向彩虹橋。

B：穿越彩虹，自己成為白色之光。

26

話語的力量

你自己像個磁鐵，把真善美運用磁力吸引過來。

留心每天所說的話語，會很快改變你的處境。

生命程式要重新組合，從「說話」開始。

話語代表著你的所思，沒有那心是說不出那意。

你人生的所有發展都是以「我」為啟航點，進而延伸至生活狀況、生命狀態，所有的好壞都是這個「我」在操盤。所以，審視這個「我」，是你重要的工作，更是基礎工作。

生活狀況只是在告訴你，這個「我」的問題出現在哪？該調整的是什麼？並不是用生活來處罰你，而是用生活來提示你，讓你的生命能轉向、能升級。

別被生活的處境給騙了，以為自己只能這樣了，那就這樣了吧！用無奈、無助的心念把這一生勉強過完。我告訴你~那你就是低等的生物。

但你們不是的，你們絕對有能力創造自己的人生，只是有些人不知道或不敢去相信，而把自己交給累世的自己，任由因果業力的輪迴，在裡面無奈地活著。這是你們不了解宇宙法則所造成的。你不清楚自己本身具備了什麼？能夠使用什麼？造物主沒有要你們受苦，「苦」是用來要你們能成長、能轉化跑道，提升至更高次元，「苦」的用意就只是如此而已。

千萬別把自己的人生下一個「苦」的定義，那你就是宇宙大傻瓜，那就是真正的無知和愚笨了。你要做的，是把「我」拿出來，檢查看看，哪裡出現問題了，該修理的修一修，該換的就換新的。

現在是時候了，把「我」做一個全面性的大整理，再逐一逐一地調整。別急著想要一次改頭換面，那是不容易的，持續性的做，才會真正地內化至你的細胞，能量的質量才能完全轉變，你的生命程式才能重新組合。

從哪裡開始呢？從「說話」開始，話語代表著你的所思。你們常說「說者無心，聽者有意」，不是的，沒有那心是說不出那意，一句話要由你嘴裡說出，那是身體經過全面性的傳遞後，才最終透過聲波而出，它是跑遍了你全身，話語只是最後的出口。所以，說話是一個很重要的事，好的話語在你身上留下的是好的磁場，不好的話語留下的是壞的磁場，好壞的磁場能量直接影響你的生活狀況，那你說，「話語」的力量不大嗎？

話語的力量有三個層面的影響力。第一層面，是自己，前面已敘之。第二層面，是他人，透過你的話語帶給別人的是什麼？影響別人的是什麼？是溫暖、是傷害，是鼓勵、是打擊，是愛、是恨？這裡面的成分很重要。第三層面，最終還是自己，因為你給別人的成分，最終還是回到你身上，給出去什麼，就會回來什麼，有時候還會加倍呢！

禍從口出，福也從口出，福禍由你挑！

心筆記

27 分別心

你怎麼對待別人，你就是怎麼看待自己。
當你在分別他人時，你其實在切割自己。

分別心要用在自己的身上，
懂得分別自己的念該放在何處，懂得分別自己的意在何方。

你在哪裡？可曾深刻地問過自己，你的身體在哪裡？你的心在哪裡？他們是否在對的地方，在應該在的地方？還是，他們早已跑走了？跑到哪裡，連你自己都不知道。

該把他們找回來了，讓他們住在該住的地方，別當流浪兒，該是有個「家」了。

「家」是什麼？不是一群人在一個屋子，只是共同的活著，只為生存而在，只為生活而在，只為身體有個地方放而在。那麼這不是「家」，這是業力清算的演化地，那你就有的受了。

「家」的設立程式是為了要讓你們有「付出的對象」，有「付出與得到」的管道，有「能量入口」的通道。藉著小組織，擴大彼此的愛和互助的能量，並不是要你們彼此找債主，你欠我還，緊拉著彼此，糾結再糾結，最終成了一個死結。那就有得修了，此世修不完，來世再來見囉！

為什麼從「家」說起？因地球就是你們的家，三次元就是你們的空間。你們要有覺知地了解，人類族群就是一個家庭，三次元其他生物又是一個家庭。三次元裡有無數個家庭，共同組成了一個三次元的社會；而這個社會，在宇宙裡代表著你們一個國家的概念，有著興盛衰亡的命運。所以，人和人之間的關連其實是非常貼近的，關係是非常緊密的，並非你們認知的：那是他家的事。他家的事其實就是你的大事，因為你們是生命共同體。

別用分別心切割自己和他人，因最終你會把自己切的支離破碎、體無完膚（靈體）。分別心要用在自己的身上，懂得分別自己的念該放在何處，懂得分別自己的意在何方。

用分別心將正面能量、正面意念灌注給自己，用分別心選擇周遭的人、事、環境，先將自己的身體放在對的地方，自然你就會做對的事，過著對的生活，因為大環境會帶領你，調整你，這比自己一人要來的輕鬆多了。匯聚的正面能量場，引動的力量是大的，這也是一些宗教、團體、組織有必要存在的原因。

拿出你的智慧，用出你的智慧，活出你的智慧，智慧就在生活點滴中。

心筆記

28 人類的情感

人世間的任何情感，都是要給彼此力量。

良好的情感交流，增進彼此的能量圈，才會有真正的自在。

了解宇宙法則之後，你就會珍惜現今的所有緣分。

有什麼過不去的呢？你只是為了「學習愛」而來。

三分鐘工具

地球之愛

A：觀想自己放在地球中間。
B：「愛」字放在你的中間。
C：「愛」字一直擴展，擴大到比自己還大，充滿整個地球。

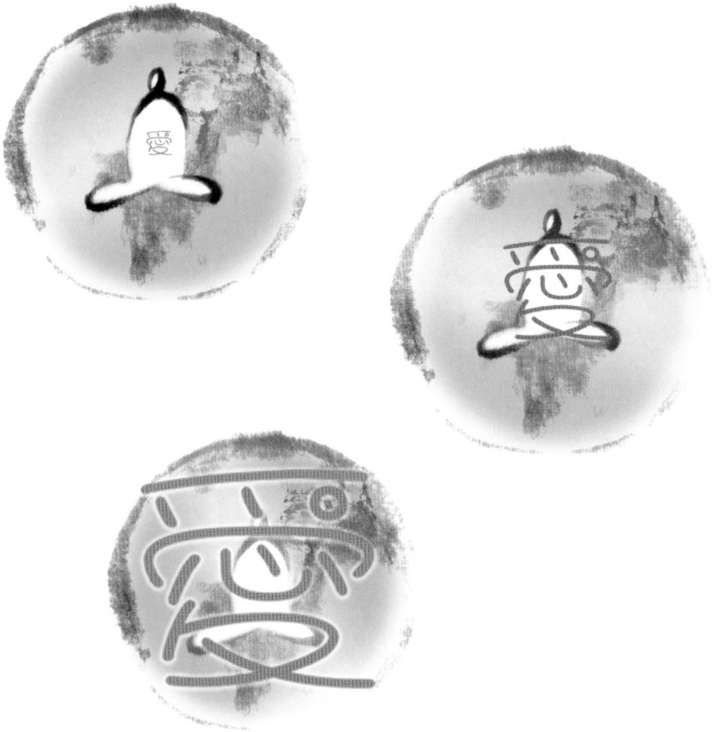

「情感」是個大方向，但也是小事情。大方向是在於：人間的所有種種皆來自於它，包含著你們的生存型態、文明、科技、醫學、教育……都是由情感衍生而出，進而人類族群未來的進化、演化，也是由它來決定。

人類情感的總和形成了一個大能量，也就是說，地球的單一能量是由人類的總體情感投射而來的，而地球的能量也影響了平行的星球（三次元）和高次元的能量。你們（人類）和我們（高次元）是緊密連結，絲絲相扣，少了任何一方，都會造成宇宙的失衡。

人類情感的發源地，是來自宇宙大電腦，根據宇宙母親的單一細胞轉化而來的。每個次元的能量品質，初始都是宇宙母親細胞分裂而成的；再由每個次元、每個星球、每個生物族群，透過個別的程式設計（共同的學習課題），再加上自由意識的演化，就成了現今各星球生物體所呈現的情感狀態；而這個狀態，是影響各次元揚升與否的重要元素。

先由大方向告訴你們，是要你們對宇宙法則有所了解；即使是略知也好，因為你們確確實實生存在這宇宙之中，也確確實實是宇宙的一份子。無知可以是階段性的，但不可以是長久的。現在是時候了，該知道的必須知道，該清楚的也必須清楚，否則你們無法跨越至四次元，會一直停留在現今的次元裡，那生命的價值性就很低了。

我會說是小事情，原因在於：當你了解了宇宙法則之後，你就會珍惜現今的所有緣分。有些人會與你同步前進，到更高的次元；有些人則會繼續留在三次元的空間再學習；有些高靈體的人則回到他們的出處。很多緣分都會終止，而這些人都是你身邊的人，來世想再續緣，都很難了。

唉！又有什麼能過不去呢？你們都是同根生，都只是為了「學習」而來。不要假戲真作，一場人生戲不值得你把生命的進展耽擱了，因在更高的次元裡，根本沒有這戲的存在。別讓你的人生唬了你，因為它們是假的，真相的存在只有一個：你在世，只是為了學習愛～

29

穿越自己

透過文字跟自我對話，靈的能量就會具體成實相。

簡單就是大智慧，愈簡單就愈有力量。

找回你自己，是最重要之事。

「心」決定了一切，問問它要帶你走向哪裡？

「穿越」似乎是要爬大山、過大海這般的辛苦；你可以是這般，但也有另一輕鬆的、愉快的途徑。學習的方法有很多種類，每個人要去尋找適合自我的，只要有成長，都是好的。

在高次元裡，喜悅的能量是來自自我成長的多寡。當你本身的成長能量能擴張、能揚升，自我核心的能量光點增加，那整個次元都會為你喝采，因你已為大宇宙奉獻了你這個生物體最大的功能了。

然而，要先了解自己是誰。你認知的自己，只是頭腦認知的，只是社會認知的，這只是你生命的一小片段，一小段過程，一小齣劇本，一小個角色扮演。

你是否思維過：那其他的你在哪裡？那個大部分的你，在何方？和現在的你，是同步在宇宙中演進？還是，你和那個你是處在分離狀態中？

深深去想這個問題吧。這對未來的你更重要，這是為何我出這一系列書的原因所在，就是要幫助你們找到你們的大我，然後合一，這樣你們才能在宇宙中有立足點。

身心靈的分離呈現的是：你在整個大能量場裡的能量是分開的，它無法集合在一起，也就是無法形成一個完整的能量圈，東一點西一點，無法成為一個整體的生命能量。這樣你在這一世很難獲得好的資源，來投射至你的生活中；在未來，很有可能在大宇宙推進過程中，你的能量碎點會被吸釋掉，因為碎點的力量不夠，無法承受整個宇宙的演化推動。

所以，找回你自己，是最重要之事。怎麼找呢？用你的「心」去找。你們的「身」像是套著一個薄紗，這層紗只能用你的心去揭開，這層紗就是你在世為人所疊加起來的累世牽引；這個記憶庫會影響你現今生活的好壞，你要切斷它，那它就無法引動你。

用「心」找的意思在：「心」可往上走，也可往下走，找你自己，就要看它往哪個方向走。往上走，你和你的大我合一；往下走，你和你的因果合一。方向不同，結果不同。

至今已經有很多高靈體來到地球為人，就是要幫助你們跨越次元，但你們必須做的是讓自己合一，成為完整的能量圈。

高靈已帶來很多的訊息，例如書籍、團體、課程、宗教……現在就要看你的心是否願意跟進，是否願意相信；再則，看你把你的身體放在哪裡，身體是會聽心的話，心能主導身體的。當你的心把身體放在正面的環境裡，身體會很高興的，也會變得健康；當你把身體放在負面的環境裡，它是沮喪的，也會慢慢變得沒有了活力。

現今是「心」決定了一切，問問它要帶你走向哪裡？「穿越」的問題，歸屬在靈體上，第三本再提及。

三分鐘工具

七輪旋轉法

A：將自我的七輪定位好。
B：將七輪擴大，超出你的身體外。
C：七個脈輪大小都一致。
D：感受七輪柱順時鐘旋轉，同步旋轉。

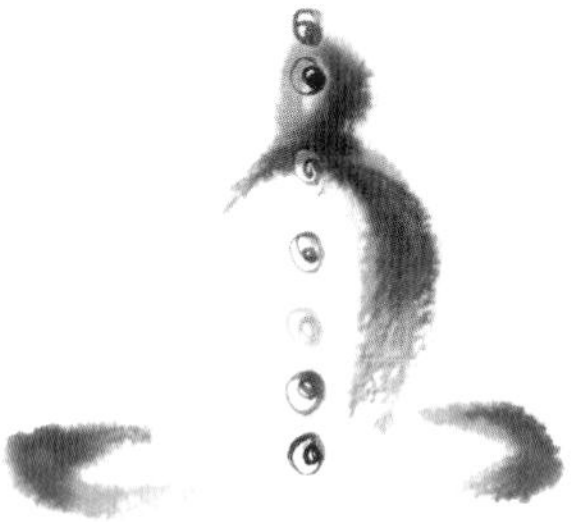

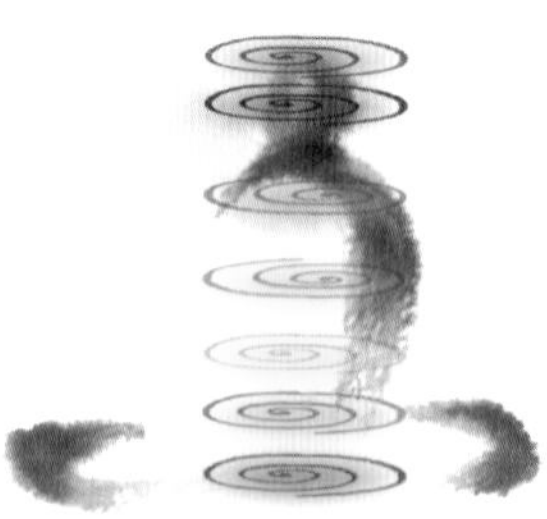

心筆記

30
鬆

唯有先做到鬆，才能啟動流通，
一旦能流通，事物就會依本然的面貌呈現。
彈性大的人，轉化生命的空間就容易。
調整想法，改變做法，事件才有空間流動，就能產生新的契機。

我由你們人體的構造來說明。「緊和鬆」就如同「老人和小孩」，老人的筋骨是硬的，失去了彈性，很難伸縮自如，也就是呈現緊的情形；而小孩就如同橡皮筋，彈性十足，伸縮空間大，這就是鬆。

鬆和緊的差別就在於「彈性」。彈性大的人，轉化生命的空間就容易；彈性小的人，生命就處於僵化，很難轉化自身的處境，在面對人生、生活時，是辛苦的。

怎麼辨別自己是鬆或緊呢？看你的生活狀態。現在的你是否面臨困難的事件，或和別人的關係不融洽？這是檢視自己內心世界最容易也最直接的方法。透過外在的發生在告訴你，「你怎麼了」？這是個絕佳的時機，讓你有機會看見自己，走入更深層的內在。

開啟心靈的一扇窗，這扇窗會幫助你看到生命的更高視野，讓你走入新的生命體系裡。

別進入事件本身，那你就與因果相連了；而是抽離事件，去找核心的本質。調整你的想法，改變你的做法，那舊的能量就會走，新的能量就會進來，這樣事件才有空間流動，也就能改變現況，產生新的契機。

達到「鬆」，有兩個步驟，第一要釋放，第二要接收。

釋放可藉由外在的環境來幫助你，自然界對你們而言是最好的媒介。它們所供給的，有時是你們所需要的；它們所需要的，有時是你們所供給的。所以你們是共生、共有的供給需求。

在自然界的能量裡，存在著幫助人類釋放的功能。你們只要將自己身體放在大自然裡，不管是哪種型態的都可以，它會自動啟動「釋放的機制」，你不需特別做什麼，做做深呼吸，動動筋骨，摸摸植物，發送愛的能量，傳遞感恩的頻率……這樣成效會更快速，也釋放更深層。這麼好又這麼簡單的方法，怎麼可以不做呢？問問自己，別一直活得像傻瓜！

當你釋放了，人就鬆多了。但這還只是在你表層的能量場，要進入深層次的鬆綁，就要接收高次元的協助，因只有高次元的高能量、高振動頻率，才有足夠的力道，將你細胞裡陳舊的能量記憶，鬆動後再排除，達到真正的「鬆」，一個由裡到表的「鬆」。當你能達到這樣的境界時，也就是在告訴你：你的嶄新人生即將要開幕了！

心筆記

31

持續力

藉由食物的力量來保存自身所需的能量值，
懂得運用光的力量，你的生活將如沐春風。

想要有持續力，還要讓你的細胞們吃飽喝足。
觀照自己的機能運作，唯有你自己才能真的看懂自己。

想要有持續力，那就要讓你的細胞們吃飽喝足。別讓你的細胞處於飢渴狀態，否則它們會在宇宙能量裡沒有選擇性的越食，不管好的、壞的統統吃進去，最後造成你身體的紊亂；也就是，你體內存在著多種品質的能量，好好壞壞都有，很麻煩的，在實相裡會造成你人生起起浮浮，讓你一生都忙於應付生活，忙於對應事件的發生，徒勞無功，生命無法用在美好的事物上，生活無法走入豐盛道路上。

細胞所需的食物，你們又不需花費，不需準備，是來自宇宙中的本有，只是你要幫助它們過濾、選擇，何謂良食和毒食？還有，別讓它們餓肚子了！

飢餓的人是會造反的，細胞也是如此，要甚嚴看待。要常觀照自己的機能運作是如何：是流暢的？還是卡卡的？或者停滯了？要常看自己。唯有你自己才能真的看懂自己，你無法藉由別人來幫助你看自己，別人是看不到的，因為你是你自己的。

每一個次元、每一位生物都是宇宙的「一份子」，都有立足的位置，也有一定的保護機制和保密條款，沒有經過特殊允許，你是不會被全然公開的。

所以，你永遠是你自己的。

要有持續力，就是要讓你的能量充沛，定時補充，就如你們身體定時要吃飯，是一樣的。餵自己吃良食（正能量），那你的持續力將會源源不絕。

三分鐘工具

細胞之光

A：觀想自己全身細胞，如星星般。
B：每個細胞輪流發射不同顏色之光。
（紅、橙、黃、綠、藍、靛、紫）

32 自我

「打破自我」的最佳方式就是「加新的東西進來」，當你伸出援手一分，宇宙大愛將會回饋你十分的恩澤。

空間次元的更新就如同季節交替，讓很多人感冒了。

新世紀是以靈性為主的世紀，意識變成你生存的根基。

「我」是動態的。別以形體來看自己，我們是看不到你們的身體的，所以，你們的身體是實相呢？還是不是實相呢？這個問題的存在點，是在於次元不同、高度不同，但唯一相同的是：你我在宇宙中都是「一份子」，都是以氣場能量存在宇宙中。

現在，你們要提高「高度」、擴大「角度」來看自己。你們已經要用新觀點、新意識，來開始學習未來的新生活型態，因為時間點到了，要開始準備了，否則未來衝擊性太大，很多人跟不上這股新能量潮流，則會被大宇宙的能量衝刷掉，變成了宇宙孤兒。

現在，所有的空間次元都在往前推進，未來每一個次元的模式都會被更新，你們也是如此。在這個時刻，就如同你們的季節交替，舊的還在，新的要進來；氣候變化多端，沒有穩定性，所以很多人感冒了，生病了。明明給予每個人的環境是一樣的，這時就考驗著每個人的體質強弱。

新意識代表的是：從舊世紀躍升至新世紀。何謂你們的新世紀？就是以靈性為主、身心為輔的世紀。也就是：在未來，你們的世界裡，靈性主導一切，由靈性創造實相（物質），是以意識型態生存，不再以物質型態生存。這樣會有一個結果，那就是：你們的生存輕鬆多了。

你現在極盡所能想要的財富、情感、事業、健康……一切現在人類窮其一生所追求的，在將來，只要你意念到，東西就到，意識變成你生存的根基。

別以為這距離你們現在很遠，不是的，即將到來了，時間點是緊迫的。所有的次元都在卯足全力，大家不會也不可以一直等待你們，只能是，有多少人類能跟上就跟上，沒有跟上的，就交由自然界處理；也就是，有的靈體會停留在三次元，由三次元的其他星際收留。

這些靈體會很辛苦，必須重新適應不一樣的生命體，從頭學習，重新發展，重新演化，變成了「星際移民」。那是一段很漫長的歷程，品質好一點的靈體還能被其他星球收歸，品質較差的靈體，則會在宇宙空間裡流浪，等待其他星球有多餘的空間時，才能收留它們。在這等待的過程裡，你就會過著名副其實的流浪漢生活，這樣已不是辛苦了，而是生命進入如地獄般的生活了，你就是「宇宙難民」。

靈性主宰的時代來臨了，你對「自我」的認知要重新定位，意念意識才是你要去成長的，物質實相只是曇花一現，帶不走、留不下；更具體的是，你既不用留也不用帶，因當你跨越到新次元時，物質對你們而言，是唾手可得的。

現在，問問你自己，你想成為什麼？「宇宙高等公民」？「星際移民」？「宇宙難民」？由你來挑！

33

嫉妒的攻擊力

對自身擁有的沒有滿足感，而一直不斷向外索取窺看，
它像是一個小偷，隨時想採取行動。
「缺乏」是很多問題的根源，
要解決這問題，就由「豐盛」來替代它。

「嫉妒」的內含物就是「缺乏」，「攻擊力」的產物就是「掠奪」，嫉妒的攻擊力真正的源頭，是因缺乏而產生掠奪心，這是人類很重要的共同生命課題。這主題，我想用比較大的面向來述之。

目前的人類是精神文明和物質文明的綜合體，當你物質層面缺乏時，則你會啟動精神層面的黑暗面，也就是，你的心理狀態會失去平衡；一旦失衡了，不滿和掠奪就會出現。所以，「缺乏」是很多問題的根源，要解決這問題，當然就是由「豐盛」來替代它。

當你的生活狀態是被滿足的，那你會有非分的想法或做法嗎？不會的，你甚至會想要給予。因為你們是有靈性的，你們的本質是良善的，只是有些人生命課題過關了，有些人還在課題中，也可以說在因果業力中。

業力的本質其實是在教育你，但它在你生活中扮演的角色也是「掠奪者」，它拿走你的健康、事業、財富、情感……在拿走的過程中，必須有事件的發生。如果你落入事件本身，那業力就會愈繞愈大圈，風暴就會愈來愈大，最後變成了颱風，一次吹走你的一切，這代價就很大了。

當業力來臨時，你是必須承接的，因為這是你造就而成的，沒有人可以幫助你償還，連我們高次元都不可以干涉，但我們可以協助。只要你明白這其中道理，了解到它在教育你什麼（這是處理業力的核心點），當你明白了，願意調整了，那暴風圈就會愈來愈小，最後很快就風平浪靜，你被拿走的東西就沒有那麼多，也就是將損失降到最低。（但損失是必然的，差別在於多少。）

談到這裡，是要告訴你們，為什麼你的生活總是會缺乏？不用疑惑，這是有元素在裡面的。用正面的力量面對業力，那它就不會拿走太多，有時反而是帶領你走入豐盛的道路上，因為你結束了生命課題。

當一個一個課題做完了，你的生命品質就愈來愈精淬，愈來愈有內在力量，那股精淬和力量，自然會發射在宇宙中，而我們就會看見你，循著你的光找到你，而你和我們就連結了。一旦你和高次元連結，豐盛就開始進入你的生活中。

之前我說過「宇宙特產」就是「豐盛」，但你要記得把特產帶回你的家（地球），如果你不喜歡這特產，那就別拿，決定權在你身上，我們一律尊重。

當你是富足的、滿滿的，那嫉妒心就消失了；當你平衡了，那攻擊力就走了，轉化成力量，進而可以提高靈質，進入高能量場域。那就是：禮物任你挑，豐盛到你家～

34 貴人小人

別那麼快下定義，停一停再想一想。
謝謝他的存在，不要對立，只是感謝。
如果想要有好的際遇，那請先處理好自己的能量品質，
去找對的「好朋友」，協助你融入正面領域裡。

你身邊都是什麼樣的人？是否用心去觀察過？你可以試試看一種方式：把你身邊所有的人，列舉出名單，然後以個性再分類，看看哪一類的人數最多。這也代表著，你和這群人的屬性是相近的；也可以說，目前你的能量和他們是相似；也能這麼說，你的生活處境，現在或即將會和他們雷同。這是一個自我審察的好方法，透過別人看到自己，有時會更客觀。

有時你會驚覺到，周遭的人其實狀況都和你很像，那你就要留意了，因為你和他們是相吸的。同一種磁場能量會招喚同質的磁場能量，因能量會收集能量，正面收集正面，負面收集負面，就是：能量會找好朋友。

注意了！你被誰找去了？誰想做你的「好朋友」？一旦成了親密好友，你們的命運會很相似，因你們都在同品質的能量裡。

宇宙真相是：能量創造實相。如果你想要有好的際遇，那請你先處理好自己的能量品質，否則即使你再怎麼使力、用力，結果都不理想，甚至你會想放棄自己。這是因為你們的方法顛倒了，其實是很輕鬆、很容易的，就是去找對的「好朋友」。對的「好朋友」能幫助你排除身上種種的負面能量，協助你融入正面領域裡，這就是「貴人」。

不論正負能量，當它們聚集到一個「量」時，即會產生力量，而去創造實相。所以，要清楚的認知到，實相是衍生品，能量才是主體。把主體弄好了，所有的也就都好了。

個體的力量是較薄弱的，尤其你們又面臨三次元的引力、因果的業力、生存的壓力……會讓你的力量起起落落。聰明的做法是：借力使力，運用群體的力量，總體的能量，能夠讓自己推進、轉化、改變。但你要選對的群體，否則一群小人纏身，你將更難翻身。

將貴人、小人的定義拉高高度去思維，不要只以平行的角度去認定，他幫我？他害我？這太狹隘了。有時魔鬼是上天派來的天使，有時天使卻是地獄派來的魔鬼，智慧不夠的人，是無法分辨的。

最好的方法是：凡事感恩。只要你一生起感恩心，魔鬼會留不住，因不同能量相斥，它會逃之夭夭；天使感受到你的溫暖，會招喚更多的天使過來，因相同能量相吸，那你就會被一群天使團團圍繞，這樣不是很棒嗎！

只要你留心、用心，貴人會幫助你創造更高的生命福祉。面對貴人小人，一律感恩，明智也！

心筆記

35 家人

家人是來讓你了因化果，而不是讓你來再造因果。

用愛來對待他們，用正面能量來化解彼此的糾葛。

會成為「家人」關係，表示在宇宙電腦中，你們都在彼此的檔案裡。

把家人的情感處理好，資料共同消磁，才能共同提升成長。

「家人」是因果的總結地，是你業力、福報的總清算，所以沒有道理可言。如果你要用道理來釐清這關係，那是徒勞無功，白費心思。因果本身就無法用「人間的理」來理解，但它卻是「宇宙的理」，就是每個生命體的真理，宇宙裡的公平法則；它甚至有類似你們的刑法、民法的分別，就是依涉及的嚴重度，法則也有輕重之分。

對家人別抱怨，他們都是你找來的，在你個人檔案中（宇宙電腦），他們每一個人都在你的記載資料裡。會成為家人，大部分的紀錄是多筆的，經過多世的輪迴，至今都還無法平衡掉，才會以家人的身分再續未完成的因果關係。

聚集一群和你有因果關係的靈體在一起，讓彼此能化解和平衡，這是多方便的事啊！更是了因化果的捷徑。當你能明白和家人的關連時，要把握機會，把大家的情感處理好，否則在你的檔案裡，又加上一筆。

要了解，當你在世間的檔案內容愈多，你就愈無法揚升到高次元，因你的靈體承載太多東西，太重了，很難穿梭時空點，會被時空隧道沖刷下來。而家人在你的資料裡，是占最大比例的，當你能把這些關係平衡好，那你的檔案資料有時就能清除掉二分之一或三分之二，這樣你的靈體就輕盈多了，穿越次元就容易了。

會成為「家人」關係，表示你們彼此都在彼此的檔案裡。透過這一世的家人角色扮演，能把大家的資料共同消磁，共同到達更高的空間去，共同提升成長，共同延續生命的價值，這才是宇宙大能當初設計「家人程式」的真正意義。

心筆記

36

男人女人

如同需先有陰陽，陰陽連結成一個圓，才能轉動起來。

在這共存的空間裡，請珍惜彼此的存在。

先有陰陽能量的存在，才有正負能量的形成。

男人、女人的關係處理好了，社會、國家、總體人類就和諧了。

在第三次元空間裡，起初是由陰陽兩股能量形成的，繼而融合成一股生存的能量。不只地球如此，其他三次元星球生物體都是一樣。所以，這是一個大主題，關係著你們生存的元素，平衡著生物物種的繁衍。

在地球的能量平衡值，有兩個面向來看待，一個是陰陽能量，一個是正負能量。先有陰陽能量的存在，繼而才有正負能量的形成。也就是，陰陽能量如同你們的太陽和月亮，是所有地球生物生存的基本要素；而正負能量是地球在宇宙中運行軌道的抓軸力，兩者的協同合作，造就了你們現在的生存空間（我是以人類的角度來說明）。

地球的所有生物，植物、動物、人類，都被賦予平衡地球能量的先天責任。所以，動植物都有公母，人類有男女，都是要讓陰陽能量能夠平衡，才能構成生存的條件；再者能繁衍物種的下一代，讓生命系統源源不絕，地球才會有生命力，也才有存在的價值。地球為所有生物奉獻，所有生物也為地球貢獻，這是宇宙很美的設計。

男人、女人們啊！你們是必須相依存的，你們都是因為有對方的存在才能存活，這關係是多麼緊密相連，你們是生命共同體。這樣來表述好了：

身體的骨架是男人，身體的血肉是女人，骨架＋血肉成為一個人。沒有了骨架，你無法有身體，也就無法成為一個人；沒有了血肉也是如此，所以你們是骨肉相連，無法分離。

既然是骨肉相連，那當然要善待對方，因為他（她）就是你自己。你要對自己不好嗎？你要不愛自己嗎？應該深思這個問題，因為這是人類生活型態的大主題。

男人、女人的關係處理好了，那社會、國家、總體人類就和諧了。千萬別小看這關係的相關性，人類很多問題的發生，都是由這產生的。

男女感情的好壞，和你的生活是息息相關的。融洽的男女關係，會讓你的活力十足，正面能量充沛，就像個「充電器」，隨時為你充滿飽飽的電，生活動力強而有勁，人生運勢就會走向正面的道路，開創更好的生存環境。

珍惜彼此，感恩對方，因為他（她）就是你，你就是他（她），你們本就是一體的。

心筆記

37 壞習慣

習慣來自於依賴的心理狀態，習氣屬於更深層的基因狀態，讓壞習慣收山，習氣去蕪存菁。

壞習慣形成的最初原因，都是你內心脆弱所造就的。

喜悅能量是療癒脆弱心靈最佳的藥方，讓你的內心堅強。

習慣是後天養成的，習氣是先天形成居多。在這裡，我先闡述習慣的問題。在第三冊，我會指導你們，在靈性上處理習氣的問題。

在面對「習慣」時，先不要在意行為上的狀況，要以「心」的層面來察看，這才會是解決的根本。

習慣的形成不會是一、兩天而來的，而是經過一段時日的沉澱，才會將這行為突顯而出，成為你每日必須會去做的行為模式。是否發現，當你有一天不能做這習慣時，首先影響你的是什麼？是「心」，你的心會急、會慌、會空。所以，真正掌握你的習慣的，是你的心。

要從「心」處理起，壞習慣才能真正離開你，否則即使它走了，還是會再回來找你。壞習慣形成的最初原因，都是來自於你內心脆弱所造就的。當你內在某些元素缺乏了，你的身體本能就會向外發展，想去抓些東西回來填補。久了，就變成「癮」，與它為伍了。

不要和它對立，不要責備自己，因為你已經是脆弱了，再用不適合的方法，只會讓自己更陷深淵。你要做的是：把內心的脆弱轉化成堅強。如何做？那要靠你自己囉，但我能告訴你們方法。

察覺自己在什麼情形下，會常去做這壞習慣？例如在緊張時、無聊時、沮喪時、生氣時、興奮時……這意味著，你內心缺乏那一塊領域。

舉例說明：當你緊張時，代表著你內心缺乏信心；無聊時，代表你生活沒有目標；沮喪時，是你缺乏元氣活力；生氣時，是你需要釋放；興奮時，則是你的得失心太重……以此去推敲自己的內心問題，才能對證下藥去醫治。

我之前說過，一旦成了「癮」，壞習慣就會居住在你身體，築巢成穴，常常呼喚你，要供應它糧食。你想要它搬家，則需要雙管齊下，身體層面和心理層面同步處理。

身體層面可由運動（瑜伽最理想），定期到大自然走走（釋放負面能量），或參加有益身心的活動……而心理層面，最快速解決方法是：多多幫助他人。你可以找一個慈善組織或團體，或你周遭需要幫助的人，去付出、去奉獻。你在無私付出愛時，自然會產生喜悅之心；而這喜悅能量，是療癒脆弱心靈最佳的藥方；當你內心堅強了，壞習慣也就不再找上門了。

國家圖書館出版品預行編目資料

懂了：療癒是爲了讀懂你自己，奇蹟是給相信的人 / 心玲著. -- 初版. -- 臺北市：商周出版：家庭傳媒城邦分公司發行, 2016.01
面；　公分

ISBN 978-986-272-936-6 (平裝)

1. 靈修

192.1　　　　104025670

懂了：療癒是為了讀懂你自己，奇蹟是給相信的人

作　　者 / 心玲
企畫選書 / 徐藍萍
責任編輯 / 徐藍萍
插　　畫 / 林翠之

版　　權 / 翁靜如、吳亭儀
行銷業務 / 林秀津、何學文
副總編輯 / 徐藍萍
總 經 理 / 彭之琬
發 行 人 / 何飛鵬
法律顧問 / 台英國際商務法律事務所 羅明通律師
出　　版 / 商周出版
台北市104民生東路二段141號9樓
電話：(02) 25007008　傳真：(02)25007759
E-mail：bwp.service@cite.com.tw
Blog：http://bwp25007008.pixnet.net/blog
發　　行 / 英屬蓋曼群島商家庭傳媒股份有限公司 城邦分公司
台北市中山區民生東路二段141號2樓
書虫客服服務專線：02-25007718；25007719
服務時間：週一至週五上午09:30-12:00；下午13:30-17:00
24小時傳眞專線：02-25001990；25001991
劃撥帳號：19863813；戶名：書虫股份有限公司
讀者服務信箱：service@readingclub.com.tw
城邦讀書花園：www.cite.com.tw
香港發行所 / 城邦（香港）出版集團有限公司
香港灣仔駱克道193號東超商業中心1樓；E-mail：hkcite@biznetvigator.com
電話：(852) 25086231　傳眞：(852) 25789337
馬新發行所 / 城邦（馬新）出版集團 Cite (M) Sdn. Bhd.
41, Jalan Radin Anum, Bandar Baru Sri Petaling, 57000 Kuala Lumpur, Malaysia.
Tel: (603) 90578822　Fax: (603) 90576622　Email: cite@cite.com.my

封面設計 / 張燕儀
排　　版 / 極翔企業有限公司
印　　刷 / 卡樂彩色製版印刷有限公司
總 經 銷 / 聯合發行股份有限公司
電話：(02) 2917-8022　Fax: (02) 2911-0053
地址：新北市231新店區寶橋路235巷6弄6號2樓

■2016年1月1日初版
■2017年5月19日初版3刷
定280元

Printed in Taiwan

城邦讀書花園
www.cite.com.tw

 ISBN 978-986-272-936-6